Méthode de lecture

CP

Léo et Léa

Textes et expression

Michelle Sommer

Laurence Gaudin

BELIN

8, rue Férou 75278 Paris cedex 06
www.editions-belin.com

Préface

Les objectifs de la méthode

« *Au cours préparatoire, l'apprentissage de la lecture passe par le décodage et l'identification des mots et par l'acquisition progressive des connaissances et compétences nécessaires à la compréhension des textes. Le code alphabétique doit faire l'objet d'un travail systématique dès le début de l'année. Les apprentissages de la lecture et de l'écriture, qu'il s'agisse des mots, des phrases, des textes, menés de pair, se renforcent mutuellement tout au long du cycle.*

Ces apprentissages s'appuient sur la pratique orale du langage et sur l'acquisition du vocabulaire ; ils s'accompagnent d'une première initiation à la grammaire et à l'orthographe. Les élèves apprennent progressivement à maîtriser les gestes de l'écriture cursive : écrire en respectant les graphies, les liaisons entre les lettres, les accents, les espaces entre les mots, les signes de ponctuation, les majuscules* » (**Programme 2008**).

La méthode Léo et Léa prend en compte chacun de ces objectifs. Elle permet aux professeurs de donner progressivement aux enfants toutes les connaissances indispensables à un déchiffrage juste et assuré, et, conjointement, à la compréhension du texte lu.

Une méthode de lecture complète en deux volumes

1. De la lettre au texte est axé sur l'apprentissage de la lecture alors que **2. Textes et expression** propose des textes d'auteur pour développer simultanément le plaisir de lire tout en suivant la même progression.

Cette solution permet de prendre en compte tous les aspects de l'apprentissage de la lecture en évitant l'écueil du livre peu maniable et lourd. Cette présentation bien différenciée et repérable facilite l'autonomie.

On proposera donc à l'apprenti-lecteur :

– des **textes à lire**, faciles à comprendre, ne comportant que des mots dont les graphies sont impérativement **déjà** connues et maîtrisées (volume 1), ainsi que des textes d'auteur (volume 2) : d'abord des poèmes et des documentaires, puis, dès que les graphies acquises le permettront, des récits, des contes, du théâtre.

– des **images à commenter**, ainsi que des **textes plus élaborés** (volume 2), pour permettre le **travail sur le langage et la compréhension**.

Le guide pédagogique apporte une aide efficace pour l'utilisation de la méthode dans la classe, leçon par leçon.

– En première partie : les éclairages théoriques donnent une claire compréhension des enjeux et des moyens de la pédagogie préconisée.

– En deuxième partie : la pratique de l'apprentissage ; description d'une démarche pour chacune des 59 leçons du volume 1.

– En troisième partie : des conseils pour conduire aisément l'étude des textes du volume 2.

DANGER LE PHOTOCOPILLAGE TUE LE LIVRE

© Éditions Belin, 2009

ISBN 978-2-7011-4943-1

Textes et expression

Ce volume est construit pour répondre aux trois objectifs prioritaires au CP : développer le langage, donner à l'enfant des bases solides garantes d'une lecture et d'une compréhension précises et fiables, tout en lui faisant découvrir le plaisir de lire en autonomie.

Des textes variés

Le choix des textes d'auteur a été guidé à la fois par la rigueur pédagogique et par les thèmes qui suscitent l'intérêt des enfants : ouverture sur l'imaginaire et ancrage dans la réalité. Ils contribueront à l'enrichissement culturel à travers la connaissance du monde, la culture littéraire ou artistique.

La variété des genres permet de s'adapter aux capacités limitées du jeune lecteur en début d'année. Des petites histoires sous forme de bandes dessinées, puis des poèmes et des documentaires précéderont donc les contes, les récits ou le théâtre, qui supposent une relative maîtrise de la lecture.

Les documentaires traitent des animaux, de l'environnement, de grandes réalisations techniques ; nous avons souhaité également évoquer différentes régions de France, autant d'occasion pour les élèves d'acquérir des repères dans l'espace. Les repères dans le temps sont aussi travaillés.

L'abord de la musique, de la sculpture et de la peinture favorisera l'éveil du sens artistique. Nous avons apporté un soin particulier à la qualité des illustrations qui contribuent à l'épanouissement de la sensibilité des enfants.

Les textes seront l'occasion de développer l'expression orale et écrite.

Complémentarité avec le volume *De la lettre au texte*

Les savoirs qui concourent à la maîtrise de la lecture étant interdépendants, nous avons porté la plus grande attention à la cohérence et à la complémentarité entre les deux volumes. Ils comportent chacun le même nombre de leçons, la progression de l'apprentissage des graphies est identique et, dans la mesure du possible, les thèmes des textes sont proches.

Comme dans le volume **De la lettre au texte**, la méthode ne recourt jamais à la lecture globale, en adéquation avec les conclusions des recherches récentes en neurosciences : « *Les mots et les phrases proposés à l'enfant ne doivent faire appel qu'aux seuls graphèmes et phonèmes qui lui ont été explicitement enseignés.* » (S.Dehaene, *Les neurones de la lecture*, éd. O.Jacob, 2007).

Dans le volume **Textes et expression**, nous abordons de manière plus précoce quelques difficultés spécifiques. Par exemple : des groupes consonantiques (« tr » dans « trop »), « e » sans accent qui se lit [è] (elle, avec) ainsi que « s » qui se lit [z] (« rose »). Ce volume permet la découverte de textes d'auteur et conduit progressivement l'enfant vers la lecture de textes plus littéraires (*Mondo* de Le Clézio, en fin d'année).

Les textes sont ici suivis de questions, jeux, ou devinettes pour entraîner les enfants à l'expression orale et écrite.

Comment utiliser ce manuel

En début d'année scolaire, les bandes dessinées permettent de travailler l'expression orale (vocabulaire et structure du langage) ainsi que la chronologie du récit et sa compréhension. Pour ce type de travail, nous indiquons également, dans le guide pédagogique, des textes à lire par l'adulte (textes disponibles gratuitement dans la bibliothèque du réseau LIRAS, www.leolea.org).

Avant la lecture d'un texte, veillez à expliquer les mots de vocabulaire inconnus. Après la lecture, posez des questions pour vérifier la bonne compréhension du texte. Puis les enfants pourront éventuellement rédiger des réponses écrites aux questions, jeux et devinettes figurant dans le manuel.

Les poésies seront l'occasion d'enrichir la langue, elles permettront aussi d'entraîner la mémoire des enfants qui les apprendront éventuellement par cœur.

La variété des textes facilite la gestion de l'hétérogénéité des élèves en CP. Si tous doivent parcourir à leur rythme les leçons du volume 1, en revanche, vous pourrez proposer de manière plus souple la lecture des textes du volume 2, en fonction du niveau des apprentis-lecteurs de votre classe.

Sommaire

Leçon	son	texte		page
1 à 7	a – é – o – i – u l – v – m	**Le chapeau magique**	Histoire sans paroles, V. Wagner	6
8	f – s – ch – r e	**Olive le rat**	BD, M. Piffaretti	10
9	p	**À Paris, à vélo**	BD, M. Piffaretti	12
10	o – o ouvert	**La poche**	Comptine, P. Joquel	14
11	d y ↔ i	**Pyramides**	Jeu documentaire	15
12	j	**Délire de mots**	Poésie, L. Guilbaud	16
13	n	**De la larve à…**	Documentaire	17
14	é è ↔ ê	**La fée malade**	Poésie, P. Joquel	18
15	t	**Une tarte ratée et une tarte réussie**	Recette	19
16	un ↔ 1 et ↔ é	**Le nord et le sud**	Documentaire	20
17	c	**Promenade**	Comptine, P. Joquel	22
18	b	**Une bonne salade**	Recette	23
19	z	**Bizarre ! Bizarre !**	Poésie, L. Guilbaud	24
20	est – es	**Es-tu la nuit ?**	Poésie, L. Guilbaud	25
21	ia – io – ié – h Minuscules et majuscules	**Majuscules**	Documentaire	26
22	me – te – se la – le – lui	**Une matinée de Léo**	Récit	28
23	g dur – gue – gui – gué – guè – guê	**La corde : de l'arc à la guitare**	Documentaire	30
24	les – des – mes – tes – ses	**Mes amis…** **Tortues et otaries des Galapagos**	Poésie, P. Joquel Documentaire	32 33
25	ils → ent	**Les iguanes des Galapagos**	Documentaire	34
26	il – elle	**Gris, gris, gris…**	Comptine	36
27	fr – fl – pr pl – vl – vr	**Les acrobates de Marc Chagall** **Les écritures**	Peinture, M. Chagall Documentaire	37 38
28	an – am – en – em	**Enfants, parents et grands-parents**	Récit	40
29	am ↔ amm an ↔ ann	**Le vent** **Vent d'hiver, vent d'hier**	Documentaire Poésie, L. Guilbaud	42 43
30	ce – cé – cè cê – ci – cy	**Nice, une ville du sud-est de la France** **Colmar, une ville du nord-est**	Documentaire Documentaire	44 45
31	on – om	**Les ponts à travers le temps**	Documentaire	46
32	omm – onn	**Lions et lionnes**	Documentaire	48
33	ge – gé – gè gê – gi – gy	**Les géants du nord de la France**	Documentaire	49
34	oi un ↔ um	**L'oie de Pompon**	Sculpture, F. Pompon	50
35	k q – qu	**Harry le boa**	Comptine	52

Leçon	son	texte		page
36	ai – ei	**Petite histoire du vélo**	Documentaire	54
		Les sports d'hiver	Documentaire	55
37	gn	**Personnages des légendes de Bretagne**	Documentaire	56
		La légende de la ville d'Ys	Légende, traditionnel	58
38	ou	**Les moustiques**	Poésie, P. CORAN	60
		La pendule	Poésie, P. GAMARRA	61
39	in – im	**Nasreddine Médecin**	Conte arabe, traditionnel	62
		Ils soignent les gens	Récit	64
40	er – ez – ed	**Le singe marabout (1)**	Conte, traditionnel	66
41	e ↔ è	**Le singe marabout (2)**	Conte, traditionnel	68
42	au – eau	**Le cycle de l'eau**	Documentaire	70
43	s entre deux voyelles	**Cymbales, guimbardes et violoncelles**	Poésie, F. BERNARD	72
		Météorologie	Poésie, C. ROY	74
44	eu – œ – œu	**Les bons gestes pour sauver la planète**	Documentaire	76
		L'arbre	Poésie, J. CHARPENTREAU	78
45	ill	**On n'est pas n'importe qui**	Récit, J. ROUSSELOT	80
		Noms de fleurs et noms d'animaux	Jeu documentaire	81
		Il était une fois	Théâtre, F. FONTAINE	82
46	ph	**Le petit éléphant**	Récit, P. FALCONNET	84
		Le mammouth	Poésie, H. BONY	86
47	ç	**Les Lapons**	Documentaire	88
		Le petit Lapon	Poésie, M. CARÊME	89
48	oin ss entre deux voyelles	**Le carnaval des animaux**	Poésie, F. BLANCHE	90
49	ge – gea – geo	**En voiture**	Théâtre, F. FONTAINE	95
		Les gens	Poésie, J. CHARPENTREAU	98
50	ain – aim – ein	**Poissons de peintre...**	Peinture, traditionnelle	100
		et de poètes	Poésie, P. CORAN, F. BOBE	101
51	aill – ouill euill – œuill	**Bien se nourrir pour bien grandir**	Documentaire	103
		Pastèque, courgette et compagnie	Poésie, F. BOBE	104
52	eill	**Le corbeau et le cochon**	Conte, traditionnel	106
53	ail – ouil euil – œuil – eil	**La couette sur la tête**	Récit, A. WEISS	108
		Les autocollants du Lutin Propre	Jeu documentaire	109
		Les mois de l'année	Théâtre, F. FONTAINE	110
54	tion ↔ sion	**Chanson de la Seine**	Poésie, J. Prévert	112
55	ien – ienn	**Les Européens**	Théâtre, F. FONTAINE	114
56	x – x	**Le rossignol et la grenouille**	Fable, J.-B. ROUSSEAU	118
		La fourmi	Poésie, R. DESNOS	119
57	w	**Mary Poppins**	Récit, P. L. TRAVERS	120
58	y entre deux voyelles	**Mondo**	Récit, J.-M.-G. LE CLÉZIO	122
59	L'alphabet	**L'Énorme Crocodile**	Récit, R. DAHL	124
		Les larmes du crocodile	Poésie, J. CHARPENTREAU	127

Sommaire

Le chapeau magique (1)

Le chapeau magique (2)

« Le chapeau magique », Vincent Wagner,
tiré de *Trois bons amis*, © Éditions Bayard, 2007.

Olive le Rat

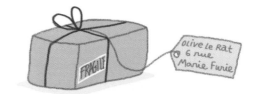

À lire aux enfants
- Racontez l'histoire, image par image.
- Quel est le début de l'histoire ?
- Quelle est la fin de l'histoire ?
- Combien y a-t-il de noms de rues. Lisez-les.
- Que disent les personnages ?
- Décrivez les rues de la première image.
- Décrivez la rue Fifi Mulot.
- Décrivez la rue où se trouve votre école
- Comment travaille un vrai facteur ?

À Paris à vélo

* Il arrive !   * Il part !

* Oh là la !

À lire aux enfants

- Que font les deux Chinois au début de l'histoire ?
- Racontez leur visite de Paris.
- Que font les Chinois à la fin de l'histoire ?
- Pourquoi abandonnent-ils leurs vélos ?
- Est-ce que Paris est une grande ville ?
- Comment peut-on se déplacer à Paris ?

13

La poche

Assis sur la roche,
le riche pirate lit le mot os
puis il lit le mot or.

Le riche pirate affamé
sort de sa poche le mot pomme.
Il le mord.
Il mord le mot ruche.
Il mord le mot port.
Il mord le mot mort.

Il vit,
le pirate,
il vit.

Patrick Joquel

t
pirate

d
le dé
le pull de Léo

À lire aux enfants
- De qui parle le poème ?
- Qu'est-ce qu'un pirate ?
- Où est assis le pirate au début du poème ? Que fait-il ?
- Quels mots le pirate lit-il ?
- Quels mots le pirate mord-il ?
- D'après vous quel est le mot préféré du pirate ? Pourquoi ?
- Est-il possible de mordre des mots ?

Pyramides

La pyramide de Léo.

- Pas à pas, forme la pyramide.

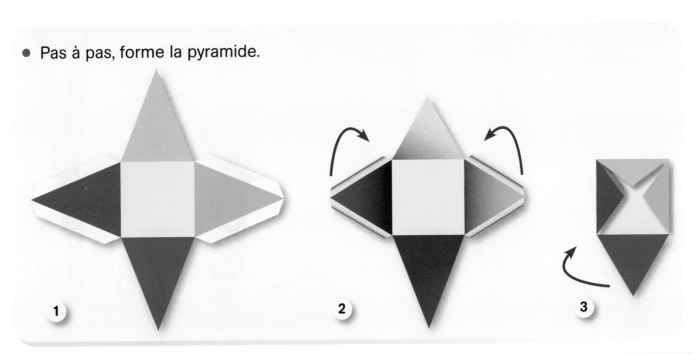

1

2

3

15

Délire de mots

Je dis à cheval j'y vole déjà,
je dis à vélo je dévore la rue,
je dis le pire pirate a salé la rade,
je dis le rat épie l'épi doré.
Je dis le chat pianote à mi à do
je dis le charivari ravit le chat
je dis je ris je dis
    méli-mélo
    délire de mots
    Oh ! Oh !

Luce Guilbaud

t
pirate
pianote

À lire aux enfants
- Peut-on voler à cheval ?
- Peut-on dévorer la rue ?
- Qu'a fait le pirate ?
- Que fait le rat ?
- Que fait le chat ?
- Dans ce poème, l'auteur joue avec les mots, elle imagine que tout est possible. Dans la vie réelle, est-ce que tout est possible ?
- Qui peut voler ?
- Que peut-on dévorer ?
- Que peut-on saler ?
- Qui peut pianoter ?

De la larve à...

Je suis le ...

Je suis la ...

Leçon 13

La fée malade

Même avec une plume
le vélo ne vole pas.

La fée a le rhume.

Même avec une sirène
le piano ne flotte pas.

La fée a mal à la tête.

Même avec du jus de murène
la purée ne rit pas.

La fée a de la fièvre.

Même avec une pilule
La fée ne lit plus sa formule.

«Je suis malade» dit la fée.

Patrick Joquel

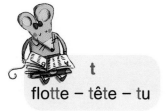

t
flotte – tête – tu

e ↔ è
avec

À lire aux enfants
- Pourquoi la fée ne peut-elle plus lire sa formule ?
- Un vélo peut-il voler ?
- Avec quoi la fée cherche-t-elle à faire voler le vélo ? Réussit-elle ?
- Un piano peut-il flotter ?
- Avec quoi la fée cherche-t-elle à faire flotter le piano ? Réussit-elle ?
- De la purée peut-elle rire ?
- Avec quoi la fée cherche-t-elle à faire rire la purée ? Réussit-elle ?
- Pourquoi ne peut-elle pas réussir ?

avec

Léo dort **avec** sa peluche.

Une tarte ratée et une tarte réussie

La tarte ratée de Thomas

Il a mis trop de farine, trop d'huile.
Il y a trop de pâte, trop de pommes.
Il n'a pas mis de marmelade.
Il a donné une petite part de tarte à Papy.
Papy a ri, il a dit : «Thomas, tu as raté ta tarte,
tu l'as trop salée, tu as mis trop de pâte !
Ne l'apporte pas à Léa.»

La tarte réussie de Théo

Il a mis de la farine, de l'huile.
Il a étalé la pâte fine,
puis il a mis 4 pommes,
de la marmelade de mûres.
Il apportera sa tarte réussie à la fête de Léa.

trop

Léo a mis **trop** d'huile sur sa salade.

Leçon 15

Le nord et le sud

La forêt humide du nord.

Le pôle nord.

Le pôle sud.

La savane sèche du sud.

et

Papa a un vélo **et** une moto.

Un animal du nord.

Un animal du sud.

Une ville
du nord.

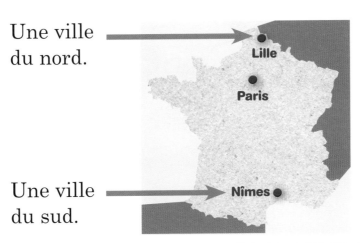

Lille

Paris

Nîmes

Une ville
du sud.

- Un ... et une ...

navire – vélo – pédale – cheminée

- Un ... et une ...

Promenade

Rue du Port
un cuistot de Monaco
a préparé du castor.
Il l'a cuit à la cocotte
sur un tapis de carottes

Rue du Ravioli
un canari du Chili
a étalé un cachalot
sur un petit biscuit très dur
et l'a picoré sur le mur

Rue de l'École
un chat léopard
a plumé un canard.
Il l'a mis à la casserole
Avec cacahuètes et têtards

Patrick Joquel

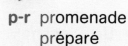

- Le canari a-t-il étalé un chacal sur le biscuit ?
- Le poète parle d'un chat léopard. Parle-t-il :
  – d'un animal avec un corps de chat et une tête de léopard ?
  – d'un animal avec une tête de chat et un corps de léopard ?
  – d'un chat tacheté comme un léopard ?
- Crée un animal bizarre et dessine-le.

p-r	promenade
	préparé
d-r	drôle
t-r	très
p-l	plume
c-r	crée
	décris

très

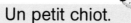

Un petit chiot. Un **très** petit chiot.

Une bonne salade

Tu achètes :
- de la mâche,
- une carotte,
- 1 avocat,
- une pomme,
- 6 petites tomates.

Tu pèles la carotte, puis tu la laves.
Tu laves la mâche.
Tu râpes la carotte.
Tu sors 6 bols.
D'abord, tu mets la mâche.
Puis tu décores la mâche
- avec de la carotte râpée,
- avec 3 petits cubes d'avocat,
- avec 4 petits cubes de pomme,
- avec une petite tomate.

Tu mets de l'huile d'olive et du sel...

Bon appétit !

e ↔ è
mets – avec – sel

- D'abord, j'achète :
  ...
  ...
  ...
  ...
  ...
  puis je prépare la salade.

p-r pr**é**pare

avec

Papy marche **avec** une canne.

Leçon 18

Bizarre ! Bizarre !

Le lézard avale le boa
le rat avale le chat
le zébu avale la rizière
     bizarre ! Bizarre !

Le canard avale la rivière
le renard avale la lune
le loriot avale l'azur
     bizarre ! Bizarre !

Le zoo avale le Z
Oh ! Oh !
     Zut alors !

Luce Guilbaud

À lire aux enfants
- Qui avale le boa ?
- Qu'y a-t-il de bizarre à cela ?
- Est-ce le chat qui avale le rat ?
- Qu'est-ce que le zébu avale ?
- Est-ce possible ?
- Peut-on avaler la rivière, la lune et l'azur ?
- Imitez le poème : choisissez trois animaux et inventez des choses bizarres qu'ils pourraient avaler.

Es-tu la nuit?

Pluie de plumes
murmures de lune
    es-tu la nuit?

Fumée de pipe
à dos de pie
    es-tu la nuit?

Parée d'îles
ravie de rêves
    es-tu la nuit?

La nuit dit:
    Je suis minuit
    du Nil à l'Italie
    je vole sur ton lit.

          Luce Guilbaud

un **bonbon**
ton

- Relis le poème et cherche 5 mots possibles:
  « Je rime avec nuit, je suis … »
- Décris une nuit d'été.

25

Majuscules

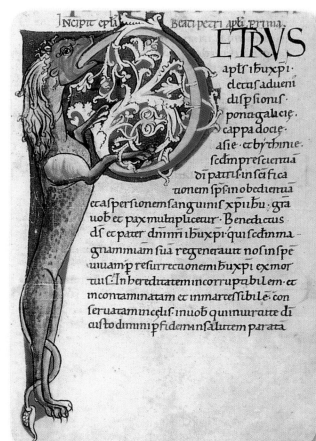

L'artiste médiéval a décoré
de jolies majuscules.

● Dessine une majuscule à la manière d'un artiste médiéval,
puis attache la suite du mot.

e ↔ è

dessine

Modèle :

Liste de mots

Ali débute par une majuscule comme :
Léo, Léa, Zohra, Julie…
Milo, Faro, Roméo, Suzie…
Colmar, Nîmes, Bastia, Paris, Rome…
Italie, Laponie, Chine…
Rhône…
Noël…

h comme :

harmonica – hélicoptère – homme – huit – hulotte – hippopotame

● Copie le mot et note à côté le numéro de la bonne majuscule décorée.

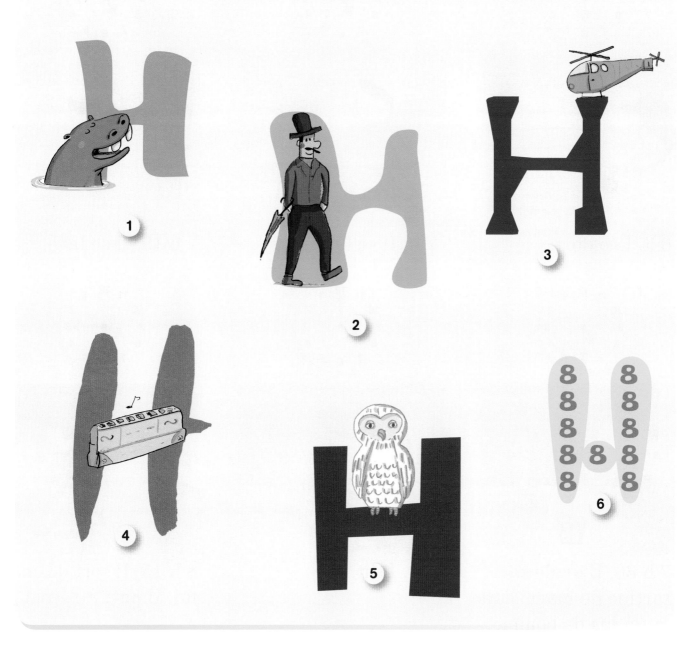

Une matinée de Léo

6 h. Léo dort.

7 h. Il se lève.

7 h 15. Il se lave.

7 h 30. Il avale sa
tartine de marmelade
et un jus de pomme.

8 h. Il lit.

8 h 15. Il sort de chez
lui. Il part à l'école.

8 h 20. Il arrive à l'école.

8 h 30. Vite !
La sonnerie !

10 h 00. Il sort de sa
poche un biscuit et du
chocolat.

11 h 30. Il sort de l'école.
La matinée est finie.

ez ↔ é
chez

- À 7 h, Léo …
- À 8 h, Léo …
- À 8 h 20, Léo …
- De 8 h 30 à 11 h 30,
  Léo est à …

chez

Samedi, Léo est allé **chez** Papy.

La corde : de l'arc à la guitare

D'abord utile à la chasse,
l'arc est devenu un arc musical !
L'homme a frotté et frappé la corde
de l'arc et il a réussi
à produire de jolies notes.

Un arc musical.

La guitare
possède
six cordes.

Un luth a 4 cordes.

Une portée. Les notes de la gamme. Un accord.

do ré mi fa sol la si do

do
sol
mi
do

f-r-o → fro   frotté
f-r-a → fra   frappé

s ↔ z
musical

● Copie les notes de la gamme.

Une mélodie est une jolie suite de notes.

La cane de Jeanne est morte…

Le guitariste.

Mes amis

Je rêve et je m'étonne :
Ses dix chats portent un béret
Et marchent en colonne !

Je calcule mes amis :
1 + 1 + 1 + 1 + 1 + 1 + 1 + 1 + 1 + 1 égalent...
Je calcule !

Je rêve et la pluie papote :
Mes six guépards portent tes bottes !
Mes six guépards barbotent !

Je calcule mes amis :
4 + 4 + 4 + 4 + 4 + 4 égalent...
Je calcule !

Je rêve et je divague :
Tes huit guêpes portent mes bagues !
Tes jolies guêpes d'or !

Je calcule mes amis :
6 + 6 + 6 + 6 + 6 + 6 + 6 + 6 égalent...
Je calcule !

Patrick Joquel

- ● Décris les 3 rêves.

ils port**ent**
ils barbot**ent**

Tortues et otaries des Galapagos

Sur les îles Galapagos, il y a des cactus de lave avec des épines,
des figues de barbarie et des forêts de goyaves.
Sur les côtes des îles, il y a des tortues, des otaries et des iguanes.

Le corps de la tortue
est énorme. Ses 4 grosses
pattes possèdent des griffes.
Le mâle a des épines
à l'arrière de la tête.

L'otarie des Galapagos
est petite et très amicale.
Les colonies d'otaries se réunissent
sur le sable et sur les roches.
La mère dort à côté de ses bébés.

g-r griffe – grosse
b-l sable
p-r tu t'approches
t-r très – trop

- Y a-t-il des cactus sur les îles Galapagos ?
  Il y a des cactus sur les îles Galapagos.
- Y a-t-il des goyaves sur les îles Galapagos ?
- Y a-t-il des tortues sur les îles Galapagos ?
- Y a-t-il des otaries sur les îles Galapagos ?

Les iguanes des îles Galapagos

Il y a des iguanes de mer
et des iguanes de terre.
L'iguane est une sorte de lézard.
Le mâle est gros.
Il a des épines sur le dos.
L'iguane de terre est coloré
et plus gros. Il est plus rare.
Il dévore les figues de Barbarie.

Un iguane de mer.

e ↔ è
terre – mer

iguane se lit **iguane**

Le repas des iguanes de mer.

Les iguanes de mer se régalent d'algues marines.
Après le repas, ils dorment sur les roches du bord de mer.

après

Après la pêche, Léo sèche ses bottes.

g-r gros

p-r après
     tu t'approches

t-r trop

c-r ils crachent
     décris

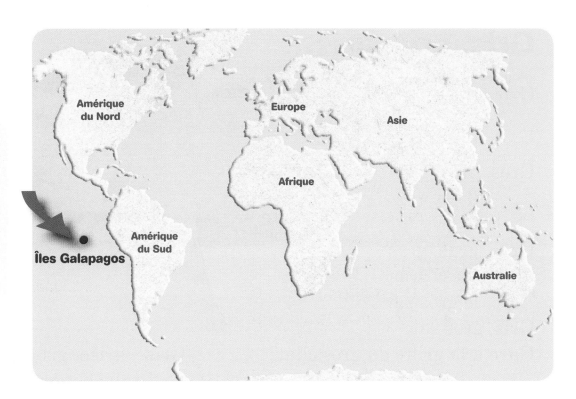

Un iguane de terre.

Si tu t'approches trop, les iguanes se fâchent et ils crachent...

- Les chats volent-ils ? *Ils ne volent pas.*
- Les iguanes volent-ils ? *Ils ...*
- Les iguanes se régalent-ils de rats ?
- Les iguanes dorment-ils sur des lits ?
- Décris l'iguane de terre.
- Décris les iguanes de mer.

35

Gris, gris, gris…

Gris, gris, gris,
 il est gris,
 le gros chat
Gros, gros, gros,
 il est gros
 le gris chat
Gras, gras, gras
 il est gras
 le gros rat
Gris, gros rat,
Gare à la griffe du gros chat !

s ↔ z
grise

Grise, grise, grise,
 elle est grise,
 la grosse chatte
Grosse, grosse, grosse,
 elle est grosse
 la grise chatte
Grasse, grasse, grasse
 elle est grasse
 la grosse rate
Grise, grosse rate,
Gare à la griffe de la grosse chatte !

g-r → gr
gros – gras – gris – griffe

Devine !

- Elle a des chiots.
- Elle rumine.
- Elle est d'abord un têtard.
- Elle est la femelle du chat.
- Elle est la femelle du canard.
- Elle est la femelle du renard.
- Elle est la femelle du rat.
- Elle est la femelle de l'âne.

Les acrobates de Marc Chagall

Le public admire
les artistes :
les acrobates sur le trapèze,
l'écuyère sur la piste,
le violoniste et le flûtiste.

e ↔ è
dernière
dessine

Marc Chagall
est un artiste très connu.
Il est né en Russie.
Plus tard, il est venu
vivre à Paris. Il a figuré
de manière très colorée
des acrobates, des violonistes, des vaches, des chèvres, des ânes…
et la ville de Paris. Il a même décoré l'Opéra !
Il a passé les dernières années de sa vie sur la Côte d'Azur.

● Dessine des artistes
à la manière de Chagall.

en

Maria est née **en** Italie.

Les écritures

Notre écriture s'appelle l'écriture latine.
Elle est utilisée depuis des siècles.
Les élèves du Maroc, de Chine, de Russie,
n'écrivent pas avec la même écriture.

Avec les lettres de notre écriture, tu écris : *arbre*

Avec l'écriture arabe, un élève du Maroc écrit : الشجرة

Un élève de Chine écrit : 木

Un élève de Russie écrit : ДЕРЕВЬЯ

Elle écrit avec une plume.

Il écrit avec un stylo.

Les premières écritures gravées.

A

Une lettre.

Une lettre.

s ↔ z

utilisée
visite

e ↔ è

elle
s'appelle
belle
avec
une lettre

Chère Mamie,
Je t'écris de Rome.
Je visite la ville
et je me régale
de pizzas!
Léa

Anne Fabre

7, rue Broca

75005 Paris

Léa a écrit une carte postale à sa Mamie.

- Es-tu habile ?
Copie la très belle écriture de Léo.

Je suis l'élève le plus rapide de ma classe.

Enfants, parents et grands-parents

Les enfants

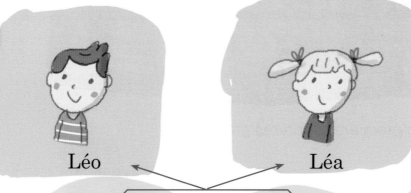

Léo   Léa

Les parents de Léo et Léa

Lucie, la mère
de Léo et Léa

Guy, le père
de Léo et Léa

Marie, la tante
de Léo et Léa

Les grands-parents de Léo et Léa

André,
le père de Lucie,
le grand-père
de Léo et Léa

Julie,
la mère de Lucie,
la grand-mère
de Léo et Léa

Marc, le père de
Guy et de Marie,
le grand-père
de Léo et Léa

Anne, la mère de
Guy et de Marie,
la grand-mère
de Léo et Léa

Léa a 6 ans.
Léo a 8 ans.
Léo est le frère de Léa.
Léa est la s... de Léo.

c ↔ ss
Lucie

Guy est le frère de Marie.
Marie est la s... de Guy.

- André est le ... de Léo et de Léa.
- Julie est la ... de Léo et de Léa.
- Marie est la ... de Léo et de Léa.
- Guy est le ... de Marie.
- André et Julie sont les ... de Léo et de Léa.

Le vent

c ↔ s
glacé

Il y a différentes sortes de vents :
le petit vent agréable en été,
le vent glacé d'hiver,
le fort vent de tempête…
Le vent est très utile à l'homme :
depuis les temps les plus reculés,
l'homme a tiré profit du vent.

Les hommes nomment les vents.
● Le Sirocco est un vent du sud venant du Sahara.
Il est très sec et brûlant. Dans le Sahara, il forme
des tempêtes de sable. Il transporte même du sable
dans le sud de la France et apporte des pluies bizarres :
après la pluie, il y a des taches ocre sur le sol
et les vitres !
● Le Blizzard est un vent fort et glacé du grand Nord.
Les hommes cherchent vite un abri.
● Le Mistral est un vent pénible et fatigant car il est
violent. Venant du nord, il arrive dans le sud de la France.
Il produit une chute des températures.

e ↔ è
hiver – sec – ils cherchent

● Je suis un vent sec et brûlant, je suis …
● Je suis un vent fort et glacé, je suis…
● Je suis un vent pénible, fatigant et violent, je suis…

Vent d'hiver, vent d'hier

Vent violent
vent méchant
le vent d'hiver
valse sur les champs.

Le vent d'hiver
siffle de savane en vallée
il rêve d'aventure
à cheval sur les années.

Le vent d'hiver
file le temps
de larme en larme
avec le vent d'hier.

Luce Guilbaud

- Comment est le vent d'hiver du poème ?
- Dans le poème :
  - cherche le mot décrivant le bruit du vent ;
  - cherche un mot illustrant la tristesse.
- Décris les dégâts produits par une tempête.

e ↔ è
hiver
hier
cherche
tristesse

43

Nice, une ville du sud-est de la France

LE NORD

Paris ●

Colmar ●

L'EST

Nice ●

LE SUD *Mer Méditerranée*

Nice est une ville
du « midi », c'est-à-dire
du sud de la France.
C'est une très grande ville.
Elle est située au bord
de la mer Méditerranée,
sur la Côte d'Azur.

Le climat de Nice est très agréable.
Dans les parcs de Nice il y a des plantes du sud :
des cactus, des agrumes, de la lavande…

La ville est fière de ses spécialités :
les farcis (différents légumes
remplis d'une farce),
la socca (sorte de galette),
les olives et l'huile d'olive.
Le carnaval de Nice
est très célèbre.
Des chars défilent
dans les rues ;
ils transportent
des « grosses têtes »
très drôles.

Les habitants du sud de la France parlent
avec un fort accent, l'accent « du midi ».
Un accent, c'est une manière particulière
de dire les mots, différente de la manière habituelle.
Il y a énormément d'accents différents en France.

e ↔ è
elle – est – mer Méditerranée
avec – cet – habituelle

- Nomme des plantes du Sud.
- Comment parlent les habitants de Nice ?
- Léo et Léa habitent-ils dans le sud
  de la France ?

Colmar, une ville du nord-est de la France

Léo et Léa habitent la jolie ville de Colmar.
En hiver, le climat est rude dans cette partie
de la France : les enfants y patinent même
sur la glace des étangs et des lacs.

Les marchés de Noël de Colmar
attirent des gens de la France entière.
Ils enchantent petits et grands.
Les parents et les enfants admirent
les lumières et les chants de Noël,
la crèche animée et les Pères Noël
avec des grelots. Dans des petites cabanes,
les marchands vendent de jolies peluches
et une multitude de trésors colorés.
À Noël, Léo et Léa décorent la table
et l'arbre avec ces bibelots.

La pâtisserie d'Alsace est très réputée.
Les marchands vendent des spécialités
comme les bretzels salés,
les personnages en pâte d'amande
et les bredele de Noël épicés,
parfumés à l'anis, à la cannelle,
à l'écorce d'orange...

e ↔ è
elle – est
cette – hiver
avec – fierté
belle – bretzel
personnage
cannelle

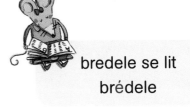

bredele se lit
brédele

g ↔ j
gens – personnages
s ↔ z
Alsace

Les ponts à travers le temps

Il y a très longtemps

On franchit la rivière sur un tronc d'arbre.
Ensuite, les hommes font des passerelles de lianes.
Elles ne sont pas très solides !

Plus tard

On construit les ponts en pierre,
avec des arches. Ils sont plus solides.
On habite même sur des ponts,
comme à Florence, en Italie.

Et on y danse, on y danse…

une arche

*Le pont du Gard,
dans le sud de la France.*

Sur le pont…

*Les ponts basculants se lèvent
et les navires passent… Ici, le célèbre
pont de Londres.*

Il y a environ cent ans

On a réussi à construire des ponts encore plus solides, en métal. Ensuite, on a construit les ponts avec du béton.

Tancarville

Paris

Millau

*Un pont suspendu récent :
le pont de Tancarville, en Normandie.
Observe les très longs câbles.*

*Depuis 2004, dans le sud de la France, on
circule sur ce superbe viaduc.
Il franchit la vallée du Tarn.*

Lions et lionnes

Le lion est un mâle. Il a une énorme crinière. Sa femelle s'appelle la lionne, elle est plus petite, elle n'a pas de crinière.

La savane est l'habitat préféré des lions et des lionnes.

Ils vivent également dans les forêts sèches.

Ce sont des mammifères car les femelles ont des mamelles.

Ils sont carnivores : ils consomment de la viande crue.

Le lion passe son temps à dormir !

La lionne chasse des gazelles, des antilopes, des zèbres, des buffles… et des crocodiles !

En France, il n'y a pas de lions en liberté. Ils sont en captivité dans des zoos.

Dans la nature, en liberté, le mâle vit entre 7 et 12 ans et la femelle entre 14 et 20 ans.

Un animal en captivité vit plus longtemps : il dépasse les 30 ans.

Le lion et la lionne.

e ↔ è

elle – femelle – il s'appelle –
mamelle – gazelle – liberté

- Comment s'appelle la femelle du lion ?
- Comment s'appellent les petits du lion et de la lionne ?
- Y a-t-il des lions en liberté en France ?

Les géants du nord de la France

Dans le nord de la France, on rencontre dans les rues des géants immenses.
Ils représentent :
– un héros imaginé, comme Gargantua,
– un personnage de légende,
– un personnage de la vie réelle,
– des personnages du temps passé,
– un animal…

On les sort à l'occasion des fêtes
et du Carnaval. Ils défilent en cortèges
dans les villes, les gens les admirent.
On imagine et on raconte la vie des géants.
Elle ressemble à celle des hommes.
Ils ont un nom. Ils sont d'abord des bébés,
ils grandissent, puis ils se marient
et ils ont des enfants.

Dans les défilés, il y a des géants sur des échasses, de grandes statues
transportées sur des chars et des géants portés. La personne portant
le géant lui donne vie : les géants se balancent, ils dansent,
ils embrassent une géante, ils saluent les enfants…

s ↔ z
représentent

e ↔ è
personnage – personne – réelle – celle

● Les géants du Nord sont-ils vivants ?
● Décris la vie imaginée de ces géants.

Leçon 33

L'oie de Pompon

Pompon est né près de Dijon.
C'est un artiste connu.
Il a sculpté des oies, des pélicans,
des girafes, des canards,
des grues, des panthères noires,
des hippopotames, des marabouts…
Ses sculptures sont très lisses.
L'artiste a d'abord observé
son modèle. Puis il a reproduit
la forme de l'animal avec de l'argile.
Ensuite il a reproduit l'animal
avec un métal : le bronze.

e ↔ è
observé
avec
pierre

On sculpte également le bois,
la pierre, la glace...
et même le sable !

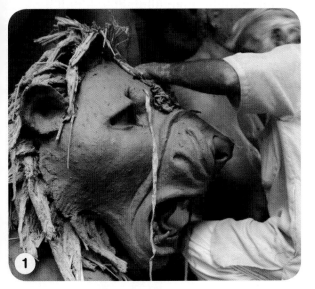

- Écris les noms de trois bêtes sculptées par Pompon.
- Copie et complète avec le bon numéro.

  Il sculpte le sable → ...

  Il sculpte l'argile → ...

  Il sculpte le bois → ...

  Il sculpte la glace → ...

Harry le boa

(À chanter comme la comptine du petit ver de terre)

Qui a vu, dans la rue,
si joli,
le petit raton gris ?
Qui a vu, dans la rue,
si joli,
le p'tit raton poli ?

C'est Harry
qui a vu
si joli
le petit raton gris.
C'est Harry
qui a vu
si joli
le p'tit raton poli.

Et Harry
est venu
manger cru
le petit raton gris.
Et Harry
est venu
manger cru
le p'tit raton poli.

er ↔ é
chanter
manger

Dans une cruche
très ventrue
a disparu
le petit raton gris.
Dans une cruche
très ventrue
a disparu
le p'tit raton poli.

Et Harry
n'a pas pu
manger cru
le petit raton gris.
Et Harry
n'a pas pu
manger cru
le p'tit raton poli.

- Qui a vu le petit raton gris ?
- Comment est ce raton ? *Il est ...*
- Qui est venu manger le raton gris ?
- Dans quoi se cache le raton ?
- Est-ce qu'Harry a pu manger le raton ?

Petite histoire du vélo

Il y a 200 ans

D'abord on a fabriqué la draisienne.
C'est l'ancêtre du vélo.
Elle est en bois.
Elle n'a pas de pédales !

e ↔ è
draisienne
descendre
bicyclette
ancienne
quelle

Il y a 150 ans

Plus tard on a fabriqué des vélos à pédales.
D'abord en bois, ils ont été ensuite faits
en tubes d'acier. C'était plus solide et plus léger.
Comme il devait être difficile de monter,
de descendre et de faire avancer cette machine !

Il y a 100 ans

La pédale change de place
et la chaîne apparaît.
C'est la bicyclette que tu connais.
Comme c'est plus facile d'avancer !

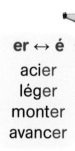

er ↔ é
acier
léger
monter
avancer

- Comment fait-on avancer une draisienne ?
- Quelle est la place des pédales sur les premiers vélos ?
- Quelle est la place des pédales sur les vélos modernes ?

deux ↔ 2

Les sports d'hiver

Le savais-tu?

L'histoire du ski débute il y a très, très longtemps.
Les hommes préhistoriques utilisaient déjà
des planches de bois attachées à leurs pieds
pour se déplacer dans les régions enneigées!

L'as-tu vu?

Retrouve dans la scène de sports d'hiver:
– le bonhomme de neige,
– une plaque de glace,
– un remonte-pente,
– des télécabines,
– un chalet,
– un sapin,
– une luge,
– des skis,
– un surf,
– un bar.

Puis copie les noms
avec le bon numéro.

e ↔ è
hiver – avec – terre – belle

et ↔ è
chalet

Personnages des légendes de Bretagne

Connais-tu les personnages imaginaires des légendes de Bretagne ?

Les géants

Gargantua est le plus célèbre des géants de Bretagne.
Ce menhir serait l'une de ses dents, ou l'un de ses doigts… ou sa canne !
On raconte qu'il a aplati de sa semelle une colline…

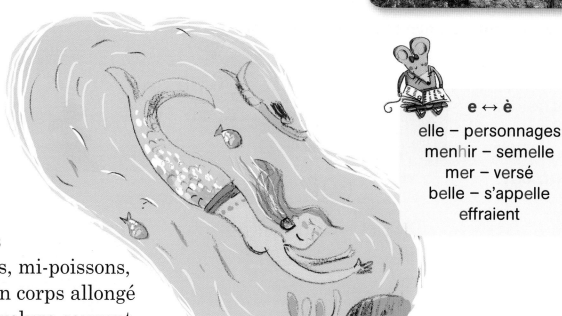

e ↔ è
elle – personnages
menhir – semelle
mer – versé
belle – s'appelle
effraient

Les sirènes

Mi-femmes, mi-poissons, elles ont un corps allongé
et une chevelure souvent entremêlée d'algues.
Attirés par les chants des sirènes,
les hommes les suivent dans la mer
et ils se noient.

e ↔ a
femme

Paris
Bretagne
Belle-Île
Golfe du Morbihan

Les fées

Elles habitaient la forêt de Brocéliande,
mais la légende raconte
qu'elles en ont été chassées.
Elles ont alors versé tant de larmes
qu'une mer se créa : le golfe du Morbihan.
Elles y ont jeté des couronnes.
Trois couronnes sont allées jusqu'à l'océan
et elles ont formé trois îles
dont la plus belle s'appelle Belle-Île.

ou
couronne

et ↔ è
objet

Les korrigans

Ces petites créatures ont une forme humaine.
Ils sont riches mais avares. Ce sont des amis
de la nature. Ils aiment faire des farces,
ils cachent des objets et les gens se fâchent
car ils ne les retrouvent plus…
La nuit, ils effraient les habitants par des bruits violents.

- Quel est le plus célèbre des géants de Bretagne ?
- Qu'est-ce qu'une sirène ?
- Qu'est-ce qu'un Korrigan ?

La légende de la ville d'Ys

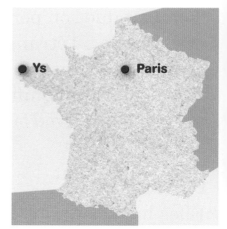

La capitale du roi Gradlon était une cité riche ;
mais c'était une ville basse, menacée par la mer.
Elle était protégée de l'océan par de fortes digues.
On accédait au port par une écluse, dont le roi
conservait la clé attachée à son collier.
Gradlon avait une enfant qui s'appelait Dahut.
Un soir, arrive en ville un noble étranger,
vêtu d'habits écarlates.
Dahut n'avait jamais vu un homme si élégant.
Elle est charmée. Il lui demande de dérober la clé
attachée au collier du roi.
Pour lui plaire, elle lui obéit.

au ↔ o
au port

e ↔ è
elle – mer – cette
avec – conservait

Pendant que son père dort, Dahut vole cette clé
et la donne à l'étranger… qui était en réalité le diable !
Dahut ne l'avait pas reconnu car il s'était déguisé
et portait de magnifiques habits.
Le diable file avec la clé et va ouvrir
l'écluse du port.
Immédiatement, les vagues s'engouffrent
et la mer envahit la ville d'Ys.
Surpris en pleine nuit, les habitants
tentent de fuir mais ils seront pris
par les flots en grand nombre.

er ↔ é
collier
dérober
étranger

- Que fait Dahut pendant que son père dort ?
- Que fait le diable avec la clé ?

59

Les moustiques

Les moustiques
Piquent, piquent
Les gens qui
Pique-niquent
Ils attaquent
En oblique
Les hamacs
Élastiques
Et bivouaquent
Sans panique,
Dans les sacs
En plastique.
Les moustiques
Font la nique
Aux gens qui
Pique-niquent
Et ils piquent
Et repiquent
En musique
C'est comique !

Irène et Pierre Coran,
*Comptines et poèmes
pour jouer avec la langue,*
© Casterman, 2008.

au ↔ o
au

● **L'as-tu vu ?**

Retrouve dans la scène de pique-nique :

2 roues de vélo, 1 sac en plastique, 1 moustique,
3 coucous, 2 bécasses, 1 pie, 1 étang, 1 hamac.
Puis copie les noms avec le bon numéro.

La pendule

Je suis la pendule, tic !
Je suis la pendule, tac !
On dirait que je mastique
Du mastic et des moustiques
Quand je sonne et quand je craque,
Je suis la pendule, tic !
Je suis la pendule, tac !
J'avance ou... je recule,
Tic, tac, je suis la pendule,
[...]
Je ne suis pas fantastique,
Mais je sais l'arithmétique.
J'ai plus d'un tour dans mon sac,
Je suis la pendule, tic !
Je suis la pendule, tac !

Pierre Gamarra,
Mon cartable et autres poèmes à réciter,
© Pierre Gamarra.

TIC TAC
TIC TAC
TIC TAC
TIC TAC
TIC TAC
TIC TAC

- Apprends et dis un des deux poèmes devant tes camarades.

Nasreddine médecin

Nasreddine Hodja avait envie d'apprendre la médecine.
Il alla voir le médecin le plus célèbre de sa ville
et lui fit part de son désir.
« Tu tombes bien, lui dit le médecin,
ce matin je visite des malades ; si tu m'accompagnes,
tu pourras apprendre le métier. »
Nasreddine suivit le médecin chez le premier malade.
Le médecin regarda à peine l'homme qui était couché
et lui dit : « Ton cas est très simple : ne mange plus
autant de cerises, bois une tisane avant de dormir
et tu seras rapidement guéri. »
Nasreddine Hodja était admiratif.
Dans la rue, il fit des compliments à son ami :
« Ô ! maître, tu es vraiment un grand médecin !
Tu n'as pas touché le malade...
Comment as-tu deviné de quoi il souffrait ?»
« C'est très simple, lui répondit-il, j'ai regardé sous le lit
et j'ai vu qu'il y avait un gros tas de noyaux de cerises.
J'en ai déduit qu'il en avait trop mangé. »

ez ↔ é
chez

er ↔ é
métier
premier

oy ↔ oi-i
noyau
noi-iau

s ↔ z
désir – visite – cerise – tisane – usé

● Qui est-ce qui voulait devenir médecin ?
● Qu'avait mangé le premier malade ?

Le Hodja se dit que la médecine était plutôt simple
et qu'il pouvait devenir médecin à son tour.
Il se déclara médecin et, dès le jour suivant,
alla chez son premier malade.
Il entra, regarda sous le lit et ne vit
que les babouches usées du malade :
« Ton cas est simple, lui dit-il,
ne mange plus autant de babouches,
bois une tisane avant de dormir
et après une bonne nuit,
tu seras tout à fait guéri. »

Conte traditionnel arabe.

- Que vit le Hodja sous le lit ?
- Que doit boire le malade
  avant de dormir ?

Ils soignent les gens...

Le père de Justine est médecin.
Il parle de son métier à son enfant.

Justine :
« Papa, comment soignes-tu les malades ? »

Le père :
« Ce matin, j'ai rendu visite à un malade
qui avait mal à la gorge. Je l'ai écouté,
je lui ai demandé s'il avait très mal en avalant,
s'il avait de la fièvre, s'il toussait. J'ai écouté le bruit de l'air
dans ses poumons avec un stéthoscope.
Puis j'ai abaissé sa langue avec un abaisse-langue
et j'ai regardé sa gorge avec une petite lumière :
le médecin doit comprendre
pourquoi le malade a mal.
J'ai compris que c'était
une angine.
Sur une ordonnance,
j'ai écrit la liste
des médicaments efficaces
qui l'aideront à guérir. »

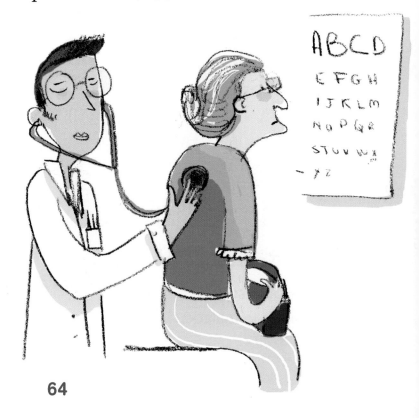

er ↔ é
métier

e ↔ é
blessé

La mère de Martin est infirmière.
Elle parle de son métier à son fils.

Martin :
« Maman, pourquoi fais-tu des piqûres ? »

La mère :
« Je fais des piqûres parce que je soigne
des malades. On ne prend pas
tous les médicaments par la bouche.
Le liquide que je mets dans la seringue
est un médicament. Je pique très vite,
pour que le malade n'ait pas mal.
Le médicament coule rapidement
dans le corps du malade,
il est donc plus efficace. Les piqûres
sont aussi utiles pour faire les vaccins
qui protègent contre les maladies.
Tu es vacciné contre la coqueluche…
Les infirmières ne font pas que des piqûres !
Quand notre voisin s'est blessé à la jambe, il saignait.
Je lui ai fait un pansement. »

e ↔ è

avec
efficace
je mets
correspond

- Quel est le métier du père de Justine ?
- Quel est le métier de la mère de Martin ?
- À quoi les piqûres sont-elles utiles ?
- Quel métier feras-tu plus tard ?
- Quel est le prénom féminin qui correspond à Martin ?

Le singe marabout (1)

Un singe, fatigué de passer de branches en branches et de faire
des grimaces du matin au soir et du soir au matin,
décida tout à coup de donner un sens à sa vie.
Après avoir réfléchi, il s'en alla trouver
le lion, roi de la brousse, et son premier
ministre, le général en chef rhinocéros.
«Majesté de la brousse
à la noble crinière, je vous propose
mes services. Je me présente :
Grand marabout.»
«Tu tombes à pic ! dit le roi lion.
Mes sujets me donnent trop de soucis ;
ils ne pensent qu'à s'amuser. Mes soldats
sont de plus en plus indisciplinés.
À ton avis, Grand marabout, que dois-je faire
pour arrêter cette insupportable zizanie ?»

e ↔ è   chef – majesté – services – cette

et ↔ è
sujet

- Qui est le roi de la brousse ?   *Le roi de la brousse est…*
- Qui est son premier ministre ?
- Pourquoi le roi a-t-il des soucis ?   *Il a des soucis parce que ses…*
- Comment sont ses soldats ?

Le singe, par trois fois, se gratta la tête et le derrière,
puis très doctement déclara : « Sire, vous devez
combattre le rire, c'est lui le responsable
de toute cette zizanie dans la brousse.
Pour faire cesser les pitreries de vos sujets
et rétablir l'ordre, chassez le rire,
purement et simplement. »
« Ton idée est bonne, Grand marabout.
Je vais suivre ton avis et proclamer
le rire interdit pour tous. »
« À bas le rire ! ajouta le général en chef
rhinocéros. Quiconque sera pris
en flagrant délit de rire
recevra dix coups de bâton. »
Et voilà comment la tristesse
fut imposée à toute la brousse.
Finies les fêtes !
Toutes les bêtes s'ennuyaient.
Cependant, une douce et maligne puce
trouva une idée pour en finir
avec la Grande Tristesse…

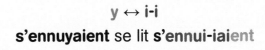

y ↔ i-i
s'ennuyaient se lit **s'ennui-iaient**

e ↔ è   derrière – responsable
interdit – tristesse

- Qui est-ce qui se gratta la tête ?
- Que va faire le roi ? *Il va…*

Le singe marabout (2)

Un matin, tandis que roi lion avait réuni tous ses sujets
pour les féliciter de leur obéissance, la petite puce se glissa
dans la moustache du roi. Et chaque fois que Sa Majesté le lion
voulait parler à la foule, la coquine lui soufflait dans le nez !
« Atchoum, atchoum ! » faisait le roi. Et c'est tout. « Atchoum ! »
Les éternuements du lion étaient si grotesques
que le général en chef rhinocéros se fâcha.
Il chassa Sa Majesté le lion et prit la place
du roi. Devenu le chef, il prit la parole.
Immédiatement, la puce fila dans sa cuirasse
et se mit à lui piquer le ventre. Le rhinocéros
ne pouvait plus parler à la foule, il se grattait,
il se grattait tellement que l'assistance
commença à sentir des démangeaisons.
Un à un, tous les habitants de la brousse
se grattèrent. Comme ils se grattaient tous,
ils finirent par éclater de rire. Des rafales de rire
fusaient de tous côtés. La brousse entière riait :
les bêtes, les arbres, les racines. Même la lune riait.
Le singe marabout se mit très en colère :
« Je rappelle à tous que le rire est interdit !
Et j'ordonne que l'on arrête le rhinocéros !
Tous ceux qui continueront à rire
seront déclarés hors la loi ! »

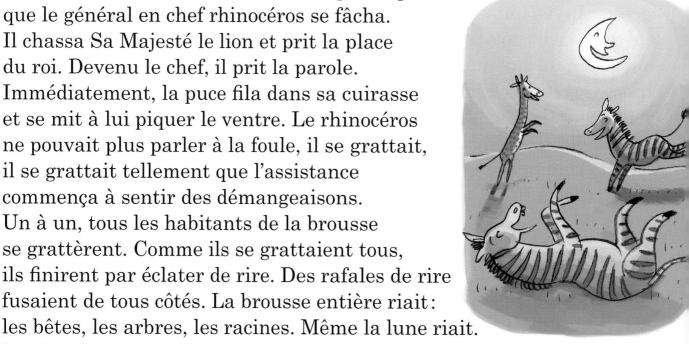

- Que fit la petite puce ?
  La petite puce...
- Qui est-ce qui se fâcha ?
- Qu'ordonne le singe ?
  Le singe...

Soudain, quelque chose lui gratta le derrière...
Il ne put résister et il quitta la tribune,
ventre à terre... Chaque fois qu'il revenait
devant le public, la puce le piquait encore.
Et le grand marabout repartait ventre à terre.
À la nuit tombée, la foule partit et le singe se retrouva seul.
C'est alors qu'il découvrit la puce qui se tordait de rire.
Impossible de l'arrêter ! Les menaces de coups de bâton
ne servaient à rien. Quand la puce maligne fut enfin calmée,
elle fit un bond, s'approcha de la tête du singe et lui souffla :
« Ignorant, comment as-tu osé interdire le rire ?
Nous ne pouvons pas vivre sans lui ! »
Depuis ce temps-là, le singe n'a jamais cessé de faire des grimaces
ni de faire rire !

Conte traditionnel.

ain ↔ in
soudain

- Qui est-ce qui piquait le singe ?
- Qui est-ce qui repartait ventre à terre ?
- Qui est-ce qui se tordait de rire ?

Le cycle de l'eau

Il y a beaucoup d'eau à la surface de la Terre :
de l'eau salée dans les océans et les mers,
de l'eau douce dans les cours d'eau, les lacs, les étangs, les mares…
de l'eau sous forme de glace, de l'eau sous forme de neige.
La glace et la neige fondent, l'eau ruisselle et va gonfler
les cours d'eaux et les lacs.
Une partie de cette eau s'évapore. Sans qu'on la voie, elle s'élève
dans l'air, et forme les nuages.
Elle se transforme ensuite en pluie, en neige ou en grêle.
Elle retombe au sol, sur la terre, dans les lacs, les cours d'eau…
et les océans.
C'est le cycle de l'eau.

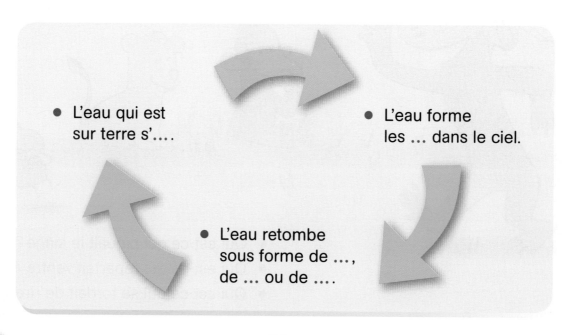

L'eau qui est sur terre s'….

L'eau forme les … dans le ciel.

L'eau retombe sous forme de …, de … ou de ….

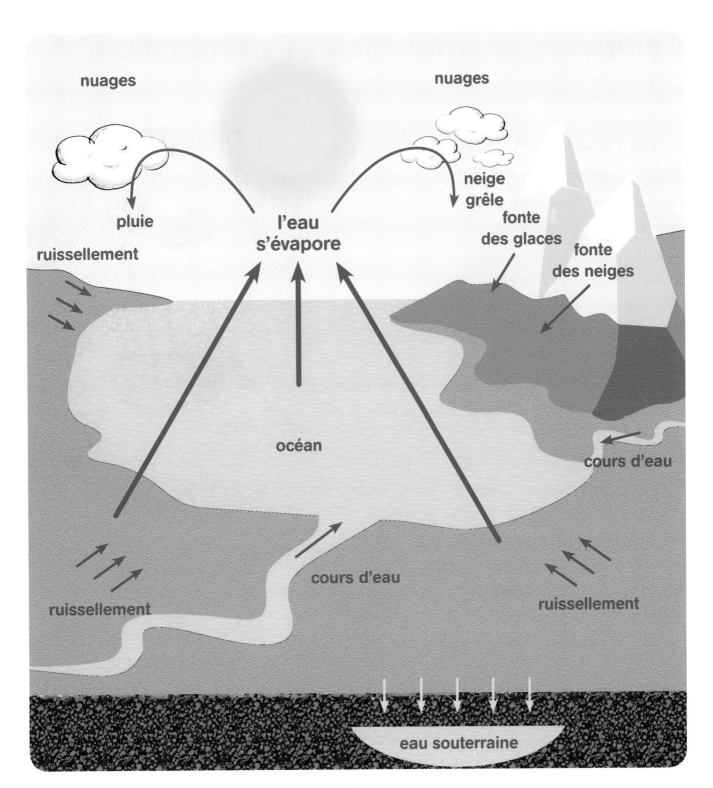

Cymbales, guimbardes et violoncelles

Pianos, violons et clarinettes.
Cymbales, tambours et castagnettes.
Aujourd'hui, c'est la Fête de la musique.
Émilie s'est levée tôt.
Oncles, tantes, cousins,
trucmuche et compagnie,
tout le monde est de sortie.
Pourvu qu'il n'y ait pas de pluie ;
au cas où, on prend les parapluies.
Trompette, flûtes, cors et xylophones.

Contrebasse, guimbardes et clairons.
Hautbois, grosse caisse et basson.
Aujourd'hui c'est la Fête de la musique.
Les rues sont remplies de monde
    et de musique.
On écoute, on danse et on s'amuse.
La famille déambule et visite
    les cafés sympathiques.
Luth, lyres, olifants et tympanons.
Mandoline, cornemuses et accordéons.

luth
castagnettes
clairon
cor
cornemuse
guimbarde

x ↔ ks
ph ↔ f
xylophone

aujourd'hui

Aujourd'hui, c'est la Fête de la musique, c'est le premier jour du printemps.

Synthétiseurs, orgues et violoncelles.
Trombones, banjos, pipeaux et crécelles.
Aujourd'hui, c'est la Fête de la musique.
Émilie chante avec Théo, Lucy et Jérémy.
Elle court, elle saute ou donne la main,
il y a tant de monde ici !
Barytons, bongos et tubas.
Sitars, triangles et harmonicas.

Verres, louches et assiettes.
Cuillères, couteaux et fourchettes.
Aujourd'hui, c'est la Fête de la musique.
Émilie somnole, blottie dans le creux
d'un divan, bercée par les cliquetis du repas.
Ensuite, ses parents la porteront
du divan à la voiture, de la voiture au lit.
Et dans ses rêves chanteront encore longtemps
la Fête de la musique et tous ses instruments.

Fred Bernard, *365 histoires, comptines et chansons*,
© Albin Michel Jeunesse 2000, 2004.

bongos

tuba

banjo

crécelle

sitar

- Copie le nom d'un instrument qui a des cordes.
- Copie le nom d'un instrument dans lequel on souffle.
- Copie le nom d'un instrument sur lequel on tape avec les mains ou avec des baguettes.
- Écris le nom d'un instrument qui est dans le poème et qui n'est pas dessiné.

Météorologie

L'oiseau vêtu de noir et vert
m'a apporté un papier vert
qui prévoit le temps qu'il va faire.
Le printemps a de belles manières.

L'oiseau vêtu de noir et de blond
m'a apporté un papier blond
qui fait bourdonner les frelons.
L'été sera brûlant et long.

L'oiseau vêtu de noir et jaune
m'a apporté un papier jaune
qui sent la forêt en automne.

L'oiseau vêtu de noir et blanc
m'a apporté un flocon blanc.

L'oiseau du temps que m'apportera-t-il ?

Claude Roy, in *Enfantasques*, © Gallimard.

- Quelle saison annonce l'oiseau noir et jaune ?
- Quelle saison annonce l'oiseau noir et blond ?
- Quelle saison annonce l'oiseau noir et vert ?
- Quelle saison annonce l'oiseau noir et blanc ?

- Recopie les numéros et note à côté le nom de la saison.
- Imagine et dessine un bel oiseau du temps. Qu'apporte-t-il ?
  Écris une phrase sous ton dessin.

Les bons gestes
pour sauver la planète Terre

J'économise
le papier.

Je pense à éteindre la lumière,
la télévision, l'ordinateur.

Je baisse
le chauffage.

Je prends une douche rapide.
J'utilise l'eau chaude uniquement
si c'est vraiment nécessaire.
Je ferme soigneusement les robinets.

Je mange des fruits
et des légumes de saison.

Pour les petits trajets, je me déplace
à pied, à vélo. Avec mes parents,
je prends le bus, le tram ou le métro.
Pour les grands trajets, c'est le train
qu'il faut choisir.

Je trie tous mes déchets.
Je ne jette pas les piles, les médicaments
ou les ampoules avec les autres déchets.

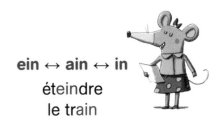

ein ↔ ain ↔ in
éteindre
le train

L'arbre

Perdu au milieu de la ville,
L'arbre tout seul, à quoi sert-il ?

Les parkings, c'est pour stationner,
Les camions pour embouteiller,
Les motos pour pétarader,
Les vélos pour se faufiler.

L'arbre tout seul, à quoi sert-il ?

Les télés, c'est pour regarder,
Les transistors pour écouter,
Les murs pour la publicité,
Les magasins pour acheter.

L'arbre tout seul, à quoi sert-il ?

t ↔ s
stationner
embouteiller
se lit :
embouté**ii**é

Les maisons, c'est pour habiter,
Les bétons pour embétonner,
Les néons pour illuminer,
Les feux rouges pour traverser.

L'arbre tout seul, à quoi sert-il?

Les ascenseurs, c'est pour grimper,
Les Présidents, pour présider,
Les montres pour se dépêcher,
Les mercredis pour s'amuser.

L'arbre tout seul, à quoi sert-il?

Il suffit de le demander
À l'oiseau qui chante à la cime.

© Jacques Charpentreau.

- Qui est perdu au milieu de la ville?
- À quoi servent les parkings?
- Où va-t-on faire des achats?
- Que font les enfants le mercredi?
- Qui chante à la cime de l'arbre?

On n'est pas n'importe qui

Quand tu rencontres un arbre dans la rue,
dis-lui bonjour sans attendre qu'il te salue.
C'est distrait, les arbres.
Si c'est un vieux, dis-lui « Monsieur».
De toute façon, appelle-le par son nom :
Chêne, Bouleau, Sapin, Tilleul…
Il y sera sensible.
Au besoin, aide-le à traverser.
Les arbres, ça n'est pas encore habitué
à toutes ces autos. Même chose avec les fleurs,
les oiseaux, les poissons :
appelle-les par leur nom de famille.
On n'est pas n'importe qui !
Si tu veux être tout à fait gentil,
dis « Madame la Rose» à l'églantine ;
on oublie un peu trop qu'elle y a droit.

Jean Rousselot, *Petits poèmes pour cœurs pas cuits*,
© Le Cherche Midi Éditeur, 1979.

Le poète s'amuse, il imagine que l'arbre est une personne…

- Un arbre est-il un Monsieur ?
- Un arbre traverse-t-il la rue ?
- Un arbre a-t-il vraiment un nom de famille, comme toi ?
- Quel est ton nom de famille ?
- Quel est ton prénom ?

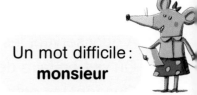

Un mot difficile :
monsieur

Noms de fleurs et noms d'animaux

Voici des noms de fleurs et d'animaux.

Noms de fleurs : une rose, une marguerite, du muguet, une jonquille, une tulipe.

Noms d'animaux : un papillon, un gorille, une guêpe, une cigogne, une grenouille, un pigeon, une libellule.

- Copie chaque nom avec le numéro qui correspond sur le dessin.
- Quels numéros correspondent aux insectes ?
- Quels numéros correspondent aux oiseaux ?
- Quels sont les animaux qui ne volent pas ?

Il était une fois...

La scène se passe dans la salle de jeux, six enfants s'y trouvent réunis.

ENFANT 1: Il pleut. On ne peut pas aller jouer dehors. Qu'est-ce qu'on pourrait faire ?

ENFANT 2: Si on se racontait des histoires ?

ENFANT 3: C'est pas drôle, on les connaît toutes...

ENFANT 2: On n'a qu'à les changer un peu...

ENFANT 1: On peut essayer. Qui est-ce qui commence ?

ENFANT 2: Moi! Il était une fois une petite fille qui s'appelait le Petit Chaperon rouge...

ENFANT 4: Rouge, toujours rouge ! Pourquoi pas bleu pour une fois ?

ENFANT 2: D'accord. Bon, je recommence. Le Petit Chaperon rouge...

TOUS (*l'interrompant*): Bleu, on a dit !

ENFANT 2: Bon, le Petit Chaperon bleu, alors... allait chez sa grand-mère...

ENFANT 5: Non! Il allait chez la mère Michel !

ENFANT 6: Oui, oui! Chez la mère Michel! Je continue: en traversant la forêt, le Petit Chaperon bleu rencontre le grand méchant loup...

ENFANT 3: Non, elle rencontre le Petit Poucet et elle lui demande s'il n'a pas vu le chat de la mère Michel.

y ↔ i-i
essayer
se lit
essai-ier

ENFANT 1 : Il n'a pas vu le chat, mais il a croisé les trois petits cochons qui allaient chez la grand-mère.

ENFANT 2 : Alors le Petit Chaperon rouge…

TOUS : Bleu !

ENFANT 2 : Le Petit Chaperon bleu lui dit : « Viens avec moi, on va aller les retrouver et on mangera la galette avec eux. »

ENFANT 4 : Oui, oui ! Une bonne galette !

ENFANT 5 : Et Cendrillon qui passait par là les a fait monter dans son carrosse pour aller plus vite.

ENFANT 6 : Oui, et l'ogre et le grand méchant loup qui couraient derrière n'ont pas pu les rattraper…

Arrivent sur scène le Petit Chaperon rouge, le Petit Poucet, la mère Michel, le loup, l'ogre et la grand-mère. Ils protestent ensemble : Qu'est-ce que c'est que cette salade ? Vous racontez n'importe quoi ! Nous sommes perdus ! Nous voulons retourner dans notre véritable histoire !

« Il était une fois », François Fontaine,
Des sketches à lire et à jouer, © Retz, 1994.

Remets de l'ordre ! Dans les vraies histoires :
- Quelle était la couleur du Petit Chaperon ?
- Chez qui allait la petite fille ?
- Qui avait un chat ?
- Qui passait dans un carrosse ?

Le petit éléphant

Un fils unique

Quand le petit éléphant est né,
il a d'abord demandé
à quoi servait son nez.
On lui a répondu :
« C'est très compliqué.»
Ensuite il a dit :
« Qu'est-ce que je vais manger?»
«De l'herbe et des fruits, des jours
et des nuits, du lait pour aujourd'hui…
Et, s'il te plaît, ne mets pas ton nez
dans tes doigts.»
Il a tout de suite compris
qu'il était fils unique.
Il s'est assis, n'a plus rien dit
et pendant toute sa première journée,
il a regardé de côté, dans l'espoir
de voir arriver un petit éléphant
comme lui, qui serait son ami.

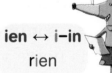

ien ↔ i–in
rien

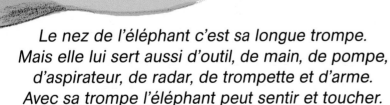

Le nez de l'éléphant c'est sa longue trompe.
Mais elle lui sert aussi d'outil, de main, de pompe,
d'aspirateur, de radar, de trompette et d'arme.
Avec sa trompe l'éléphant peut sentir et toucher.

- Comment s'appelle le nez de l'éléphant?
- À quoi lui sert sa trompe?
- Que va-t-il manger?
- Le petit éléphant a-t-il des frères ou des sœurs?
- Qui aimerait-il voir arriver?

La maman

Sa maman était si grande qu'il ne pouvait
la voir tout entière.
Quand il pleuvait, il se cachait dessous,
et comme on lui défendait d'aller vers la forêt
il jouait à faire semblant d'être perdu dans
une clairière où poussaient quatre arbres gris.
Il criait : « Je suis prisonnier, celui qui vient
me délivrer je lui donne un ananas
et je l'emmène se promener avec moi
dans le pays où l'on n'est pas tout seul. »
Mais ça n'était pas vrai et jamais personne
ne venait.
Alors il appuyait sa tête contre la patte
de sa maman qui était bien plus douce
et bien plus chaude que tous les arbres gris
de la forêt, et il s'endormait.

Paulette Falconnet, *Le petit éléphant*,
© La Guilde du livre (Lausanne) 1955.,

*Les éléphants sont les plus gros
animaux terrestres.*

- La maman de l'éléphant était-elle grande ?
- Quand se cachait-il sous sa mère ?
- Avait-il la permission d'aller vers la forêt ?
- Que veut-il donner si on le délivre ?
- Comment était la patte de sa maman ?

85

Le mammouth

Un brave mammouth
Qui cassait la croûte
Au bord de la route
Et qu'avait la goutte
Au nez
Malgré sa moumoute
Le pauvre mammouth
S'était enrhumé
À force d'attendre
Si longtemps
Sa tendre fiancée.

Il est pris d'un doute,
D'une idée :
C'est que je redoute
Qu'elle ait oublié,
Qu'elle me trompe
Qu'elle veuille rompre
Il faut me comprendre
Je ne peux attendre
Des millions d'années
Je risquerais mes enfants
De devenir éléphant !

Texte : Jeanne-Marie Pubellier,
musique : Hélène Bohy,
Dinosaures et autres bêtosaures,
Éditions Enfance et Musique, 1994.

- Où était le mammouth?
- Était-il malade?
- Qui attendait-il?
- Que risque-t-il de devenir s'il attend des millions d'années?

Les Lapons

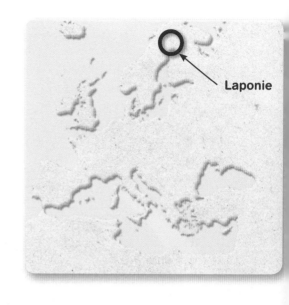

Laponie

Le vrai nom des Lapons,
dans leur langue, c'est «Sámit».
Ils vivent dans le nord.
Ils élèvent des rennes,
principalement pour leur viande,
mais aussi pour leur peau
et leur fourrure.
Ils pêchent le saumon
et ils chassent les rennes sauvages.
Jadis, ils vivaient toute l'année sous la tente.
Aujourd'hui, ils passent l'hiver
dans de confortables maisons de bois.
Ils utilisent encore la tente pour leurs camps d'été.
En Laponie, les hivers sont très froids,
la température peut baisser jusqu'à − 55 °C.
La nuit polaire dure pendant 2 mois !
Mais du mois de mai au mois de juillet,
le soleil brille encore à minuit !
Les Lapons avaient l'habitude
de se déplacer en traîneau.
La motoneige moderne le remplace.

Le petit Lapon

Je n'ai jamais vu de lama,
De tamanoir ni de puma.
Je n'ai pas été à Lima,
Ni à Fez, ni à Panama.
Je ne possède ni trois-mâts,
Ni charrette, ni cinéma.
Je ne suis qu'un petit Lapon
Qui sculpte de petits oursons,
Avec un os, dans un glaçon.

Maurice Carême, *Fleurs de soleil*,
© Fondation Maurice Carême, 1965.

- *lama – tamanoir – puma – ourson*
  Copie ces mots et ajoute le bon numéro.
- Où vivent les Lapons ?
- Comment se déplacent-ils ?
- Que sculpte le petit Lapon ?
- Avec quoi fait-il sa sculpture ?
  Il fait sa sculpture…

89

Le carnaval des animaux

Dans le Carnaval des animaux, *Camille Saint-Saëns a cherché à décrire en musique les allures, les voix, les cris, les mouvements du lion, des kangourous, des éléphants, des poules, des oiseaux, etc.*
À chaque animal, son rythme, ses instruments, sa mélodie...
Plus tard, le poète Francis Blanche a présenté avec humour les animaux de ces petites pièces musicales.

Ouverture
[...]
Ce soir, au Jardin des plantes,
C'est la Grand'fête éblouissante :
Le Carnaval des Animaux.
Tout est prêt... La Foule se masse.
L'orchestre, à pas de loup discrètement se place.
L'éléphant prend sa trompe, le cerf son cor de chasse.
Et voici que soudain monte dans le silence
Pour le plaisir de nos cinq sens
La musique de monsieur Saint-Saëns...

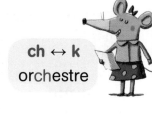

ch ↔ k
orchestre

ain ↔ in   soudain – Saint-Saëns

- Où a lieu le carnaval ?
- Quel animal prend un cor de chasse ?

Le lion

Soudain, Vive le Roi !
Et l'on voit,
La crinière
En arrière,
Entrer le lion, très britannique, la mine altière,
Vêtu de soieries aux tons chatoyants
(Soieries de Lyon, évidemment).
Il est fort élégant,
Mais très timide aussi :
À la moindre vétille,
Il rugit…
Comme une jeune fille…
Peuple des animaux… Écoute-le… tais-toi.
Laisse faire Saint-Saëns, la Musique est ton roi.

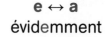

e ↔ a
évidemment

oi ↔ oi-i
chatoyant
se lit
chatoi-iant

Poules et coq

Gens de cour et gens de plumes
Voici les poules et les coqs !
Basse-cour et courtes plumes
Ils sont bien de notre époque.
Les uns crient cocorico
Très haut.
Les autres gloussent
Et caquettent,
Très bêtes.
[…]

- Quel est le roi des animaux ?
- En quel tissu sont ses vêtements ?

L'éléphant

Les éléphants
Sont des enfants
Qui font tout ce qu'on leur défend.
Car pour l'éléphant les défenses,
Depuis le fin fond de l'enfance,
Ça se confond avec les dents.

Tous légers, malgré leurs dix tonnes [...]
Les éléphants sont des enfants
Et qui se trompent... énormément.

Kangourous

Athlète universel comme en vain on en cherche,
Voici le Kangourou, redoutable boxeur,
Recordman du saut en longueur
Et champion du saut à la perche.
Oui, quand de l'Australie tu quitteras la brousse,
Nos sportifs, près de toi, sembleront des fantoches
Kangourou, tu les mettras tous dans ta poche !

Aquarium

De la baleine à la sardine
Et du poisson rouge à l'anchois,
Dans le fond de l'eau,
Chacun dîne d'un plus petit que soi.
[...]

ain ↔ in
en vain

x ↔ ks
boxeur

- Avec quoi se confondent
  les défenses d'éléphant ?
- Quels sont les trois sports
  pratiqués par le kangourou ?

Volière

Étourneaux, martinets, merles et rossignols,
Serins et canaris, alouettes et arondes,
Volez! Gentils oiseaux! Chantez! Personne au monde
ne vous condamnera pour chantage ou pour vol!

Pianistes

Quel drôle d'animal!
On dirait un artiste.
Mais dans les récitals
On l'appelle pianiste [...]
Il a des yeux de lynx
Et une queue de pie.
Il se nourrit de gammes.
[...]

Fossiles

Sortis spécialement de leur muséum
Messieurs les fossiles:
Les iguanodons, les mégathériums,
Les ptérodactyles,
Ichtyosaures,
Dinosaures,
Brontosaure,
Nabuchodonosors
Et autres trésors
Des temps révolus,
Sont venus simplement pour prendre l'air,
(L'ère quaternaire,
bien entendu.)

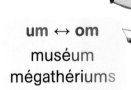

um ↔ om
muséum
mégathériums

- De quoi se nourrit
  le pianiste?
- Copie les noms
  des fossiles.

93

Le cygne

Comme un point d'interrogation
Tout blanc sur le fond de l'eau verte
Le cygne, c'est la porte ouverte
À toutes les suppositions.
[…]

Final

Et maintenant ça y est, la fête se déchaîne
Les animaux oublient les grilles et les chaînes…
On danse, on fraternise : le loup avec l'agneau
Le renard avec le corbeau
Le tigre avec le chevreau
Et le pou avec l'araignée
Et le manche avec la cognée !
Comme c'est joyeux, comme c'est beau
Le Carnaval des Animaux !

Francis Blanche, musique de Camille Saint-Saëns,
Le Carnaval des Animaux, texte de Francis Blanche,
© Éditions Thierry Magnier, 2006.

t ↔ s
interrogation

y ↔ i-i
joyeux se lit
joi-ieux

- Avec qui fraternisent
  le loup, le renard,
  le tigre et le pou ?

Le loup fraternise avec…
Le renard…
Le tigre…
Le pou…

En voiture !

L'AGENT (*rejoignant l'automobiliste après avoir sifflé*) :
Alors, monsieur, vous n'avez pas vu le feu ?
L'AUTOMOBILISTE : Le feu ? Où ça ? Il y a le feu ?
Il faut appeler les pompiers !
L'AGENT : Mais non, monsieur, le feu rouge !
Il faut s'arrêter au feu rouge.
L'AUTOMOBILISTE : Ah ! Excusez-moi,
je ne l'ai pas vu.
L'AGENT : Et votre ceinture ?
Vous n'avez pas attaché votre ceinture !
L'AUTOMOBILISTE : Je n'ai pas besoin
de ceinture, monsieur l'agent,
j'ai des bretelles pour tenir
mon pantalon !
L'AGENT : Oh, mais je n'aime pas
qu'on se moque de moi.
Montrez-moi vos papiers !

ein ↔ in
ceinture

x ↔ ks
excusez-moi

- Que faut-il faire quand il y a le feu ?
- Que faut-il faire au feu rouge ?

95

Leçon 49

L'AUTOMOBILISTE : Quels papiers ?

L'AGENT : Les papiers de la voiture, bien sûr !

L'AUTOMOBILISTE (*qui cherche dans ses poches et en sort toute une série de papiers*) : Des papiers… Attendez, j'ai du papier pour écrire, des papiers de bonbons, des mouchoirs en papier… c'est tout.

L'AGENT : Bon, vous n'avez pas de papiers… Et votre permis de conduire, vous l'avez ?

L'AUTOMOBILISTE : Un permis de conduire ? Mais pour quoi faire ?

L'AGENT : Mais enfin, monsieur, vous ne pouvez pas rouler sans permis !

L'AUTOMOBILISTE : Mais si ! La voiture ne peut pas rouler sans essence, mais sans permis, elle marche quand même, vous savez !

L'AGENT : Mais il est fou celui-là ! Vous allez souffler dans le ballon !

L'AUTOMOBILISTE : Vous avez un ballon ? Vous pouvez me le donner pour mon petit garçon ? Il adore jouer au ballon !

- Est-ce que la voiture peut rouler sans essence ?
- Qui est-ce qui adore jouer au ballon ?

L'AGENT : Cette fois, ça suffit !
(*Il fait descendre l'automobiliste
de la voiture.*) Je vous emmène au poste !
L'AUTOMOBILISTE : Ah non !
L'AGENT : Comment ça, non ?
L'AUTOMOBILISTE : D'abord on ne dit pas
« au poste », monsieur l'agent,
on dit « à la poste ». Ensuite,
le facteur est déjà passé,
alors je n'ai pas besoin d'aller à la poste !
L'AGENT : Et moi je vous dis
que vous allez venir avec moi
au poste de police !
L'AUTOMOBILISTE : Mais alors,
qu'est-ce qu'on fait de la voiture ?
L'AGENT : On la laisse là.
L'AUTOMOBILISTE : C'est embêtant,
elle n'est pas à moi…
L'AGENT : Ah bon ? À qui est-elle ?
L'AUTOMOBILISTE : Je ne sais pas,
je l'ai trouvée en bas de la rue…

François Fontaine, *Des sketches à lire et à jouer*, © Retz 2008

- Où l'agent emmène-t-il l'automobiliste ?
  L'agent…
- Où l'automobiliste a-t-il trouvé la voiture ?

Les gens

La maîtresse dit : « Écoutez ! »
L'agent dit : « Montrez vos papiers »
Le contrôleur dit : « Vos billets ? »
La concierge : « Essuyez vos pieds »

Les gens les gens c'est fatigant
J'entends
les gens qui parlent tout le temps
les gens

Le vieux monsieur dit : « De mon temps »
Le jeune dit : « Sois sage. Attends… ».
L'adjudant dit : « Serrez les rangs ! »
Le dentiste : « Montre tes dents ! »

J'entends
les gens les gens c'est fatigant
les gens qui parlent tout le temps
les gens

La standardiste dit : « Allô ! »
Le boucher dit : « Un bon kilo ! »
La foule dit : « Bravo ! Bravo ! »
Le repasseur : « Couteaux ! Ciseaux ! »

J'entends
les gens les gens c'est fatigant
les gens qui parlent tout le temps
les gens

Le médecin dit : « Tiens-toi droit ! »
Le caissier dit : « Deux et un trois »
Le juge dit : « Telle est la loi. »
Le Président : « Votez pour moi ! »

> *J'entends*
> *les gens les gens c'est fatigant*
> *les gens qui parlent tout le temps*
> *les gens*

La radio dit : « Chers auditeurs… »
Le musicien dit : « Tous en chœur ! »
Le maître dit : « Apprends par cœur ! »
L'épicier : « Voyez mes choux-fleurs ! »

> *J'entends*
> *les gens les gens c'est fatigant*
> *les gens qui parlent tout le temps*
> *les gens.*

Jacques Charpentreau

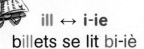

ill ↔ i-ie
billets se lit bi-iè

•

y ↔ i-i
essuyez se lit essui-iez
voyez se lit voi-iez

•

ien ↔ i-in
tiens-toi – musicien

Poissons de peintre...

Peinture traditionnelle – Chine.

et de poètes

Poisson polisson

Le poisson-chat
n'attrape jamais de souris.
Le poisson-scie
n'habite pas la caisse à outils.
Le poisson-lune
ne compte pas les étoiles la nuit.
Le poisson-perroquet
ne chante pas au bord du nid.
Mais le poisson d'avril, lui
derrière ton dos ne tient qu'à un fil.

Françoise Bobe, *365 histoires, comptines et chansons*,
© Albin Michel Jeunesse, 2000, 2004.

- Copie le nom des poissons
  et ajoute le bon numéro..

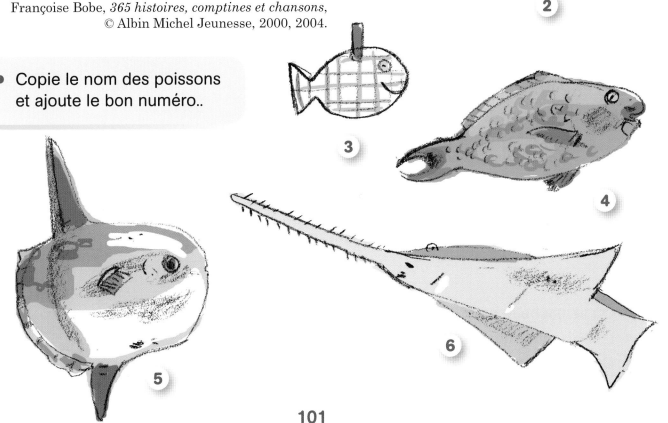

Le poisson rouge

Le poisson rouge
De mon école
A la rougeole.
Il ne veut pas
Que chacun voie
Ses boutons rouges.
Dès que l'eau bouge
Le peureux plonge
Sous une éponge.
Moi je connais
La vérité
Mais je me tais.
Le poisson sait
Que dans l'école
Je cache et colle
Mon chewing-gum
Sous l'aquarium.

Pierre Coran,
© SABAM Belgium, 2009.

- Où se cache le poisson rouge quand l'eau bouge ?
- Le poisson rouge est-il malade ?
- Quel secret connaît le poisson rouge ?

aquarium
se lit
a-quoi-riom

chewing-gum
se lit
chou-ine-gom

Bien se nourrir pour bien grandir

- **Boire de l'eau !**

Ton corps
a besoin d'eau.
Préfère-la
aux boissons sucrées.

- **Laisser**
une toute petite place…
aux sucreries
et aux aliments gras.

Tous les enfants aiment
les frites et les chips,
mais une petite portion
par semaine suffit !
Il vaut mieux aussi
éviter trop de sel.

- **Manger de tout !**

Va à la découverte d'aliments
que tu ne connais pas.
Mange un peu de tout,
car aucun aliment ne referme
tout ce qui est nécessaire à ton corps.
Mange des fruits et des légumes, crus
ou cuits, à tous les repas !
Pour avoir de l'énergie, n'oublie pas
les céréales : le pain, les pâtes,
les céréales du petit-déjeuner…

- **Faire du sport :**

du vélo, du foot, du skate,
du judo, de la danse,
de la natation, des promenades…

Prendre trois repas réguliers : le petit-déjeuner, le déjeuner et le dîner.
Commence la journée par un bon petit-déjeuner : un bol de lait,
des céréales ou des tartines, un fruit ou un jus de fruit…
Évite de grignoter entre les repas !

Pastèque, courgette et compagnie

Mon Papy m'a fabriqué
un grand panier d'osier
pour aller au marché.
Toute guillerette,
je fais mes emplettes

Je voudrais, s'il vous plaît :
une botte de radis
deux têtes de brocolis
un melon qui sent bon
des petits champignons
un beau fenouil
des aubergines pour la ratatouille
des courgettes et de la ciboulette
deux paquets de cacahuètes
deux kilos d'abricots
une noix de coco
un avocat et un ananas
un chou chinois

un artichaut en fleur
et ce beau chou-fleur
des petits pois croquants
deux ou trois piments
des pamplemousses
des pêches bien douces
des olives pour la salade niçoise
une barquette de framboise
trois gousses d'ail
des papayes
cette pastèque dodue
cette belle laitue, deux kilos de cerises
et ces fraises exquises !

À la fin du marché
le grand panier d'osier,
je ne peux plus le soulever !

Françoise Bobe, *365 histoires, comptines et chansons*,
© Albin Michel Jeunesse, 2000, 2004.

- Qui est-ce qui a fabriqué le panier d'osier ?
- Où va la petite fille avec son panier ?
- Écris le nom de 5 légumes qu'elle a achetés.
- Écris le nom de 5 fruits qu'elle a achetés.

ex ↔ èks   exquise

Le corbeau et le cochon

Perché sur une haute branche,
le Corbeau observait les animaux qui passaient.
Il avait un avis sur chacun d'eux et n'hésitait pas à le donner.
Il se moquait de l'Âne.
– Grandes oreilles, lui lançait-il, pourquoi acceptes-tu
de porter tout le jour d'aussi lourdes charges?
Il ricanait en apercevant l'Ours.
– Lourdaud! corrige donc ta démarche, lui conseillait-il.
Il provoquait le Singe qui répondait en lui lançant des pierres.
– Grimacier, tu veux ressembler à l'homme
mais tu ne posséderas jamais son adresse,
lui disait-il.
Il tentait de prendre une voix suave
pour séduire la Girafe qui l'ignorait.
– Divine, j'aime ton long cou,
lui déclarait-il. Mais ta cervelle
est si petite que tu restes sourde
à mes appels.

Décris les animaux observés par le corbeau.
● *L'âne a...*
● *L'ours est...*
● *Le singe est...*
● *La girafe a...*

Un jour, passa un Cochon noir.

Le Corbeau fut surpris, car il n'en avait jamais vu que des roses.

– Comme tu es laid avec tes poils noirs, dit l'Oiseau.

Le Cochon leva la tête et regarda le Corbeau.

– Toi aussi, tu es tout noir, répondit-il.

– Oui, mais tu es beaucoup plus noir que moi, rétorqua l'Oiseau.

– Ce n'est pas du tout évident, dit le Cochon.

– Est-ce que tu t'es bien regardé ? demanda le Corbeau.

– Oui !

– Où donc ?

– Dans l'étang, répondit le Cochon.

Et je te propose de m'y accompagner
pour voir lequel des deux est le plus noir.

L'Oiseau et le Cochon se regardèrent dans l'eau,
puis s'observèrent mutuellement.

Il n'y avait aucun doute,
ils étaient aussi noirs l'un que l'autre.

Alors le Corbeau déclara d'un air suffisant
que le noir était la plus belle
des couleurs qu'il connût.

Dix-neuf fables d'oiseaux,
Castor Poche, Flammarion, 1990.

bien
se lit
bi-in

- Quelle est la couleur du cochon ? *Le cochon est…*
- Quelle est la couleur du corbeau ?
- Le cochon était-il plus noir que le corbeau ?

La couette sur la tête

D'abord un chuchotement : « Debout, mon petit chou… »
Une ombre dans ma chambre et puis des pas feutrés,
la petite pluie de la douche, le glouglou du café,
l'odeur du pain grillé. Surtout ne pas bouger,
comme si de rien n'était,
faire celui qu'a rien vu et qu'a rien entendu.
« Debout, debout, debout » murmure
la voix pressée.
Je fais la sourde oreille.
« C'est l'heure de se lever »
Mais j'ai encore sommeil…
« Allez, debout, mon gars ! »
Aïe ! Papa !
Je m'enfonce sous les draps, la couette sur la tête.
Alors… je suis happé, lavé, débarbouillé, coiffé,
emmitouflé, et me voilà tout prêt, debout sur le palier,
avec dans chaque main une tartine beurrée.
Hop, les bras de papa, ma tête sur son épaule,
pas besoin de paroles, je lis dans son regard :
« Tu es encore en retard, en retard à l'école ! »
Bientôt sur le chemin, je cours à côté de lui. Il se penche, il me parle :
« Moi, quand j'étais petit… » et puis il me sourit. Pareil, tous les matins…

Anne Weiss, *365 histoires, comptines et chansons*, © Albin Michel Jeunesse, 2000, 2004.

- ● Qui est-ce qui réveille le petit garçon ?
- ● Le père répète « debout » : combien de fois le dit-il ? *Il le dit…*
- ● L'enfant a-t-il envie de se lever ?

combien
se lit
combi-in

Les autocollants du Lutin Propre

Les conseils du Lutin sont bons pour la santé...

Je me lave tout seul, soigneusement, avec du savon.

Je me brosse les dents après les repas, pendant 3 minutes.

Je me mouche pour vider complètement mon nez quand je suis enrhumé.

J'apprends à me couper les ongles et je les nettoie.

Je me lave les mains avant de manger.

Je pense à jeter mon mouchoir en papier dans une poubelle.

Je mets ma main devant ma bouche quand je tousse.

Chiens et chats, chacun son assiette : les animaux ne mangent pas dans mon assiette.

- Choisis deux conseils du Lutin. Fais deux dessins.
- Copie le conseil sous chaque dessin.

Les mois de l'année

PROMENEUR 1 (*désignant la rangée des personnages mois*) :
Qu'est-ce que c'est que tout ce monde ? C'est un bal costumé ?

PROMENEUR 2 : Non, ce sont tous les mois de l'année.

PROMENEUR 1 : Mais pourquoi sont-ils déguisés ?

PROMENEUR 2 : Attends, on va aller leur parler.

PROMENEUR 1 : Celui qui porte une couronne, c'est un roi ?

PROMENEUR 2 : Non, c'est monsieur Janvier. Bonne année,
monsieur Janvier ! Il porte la couronne de la galette des rois.

PROMENEUR 1 : Ah bon ! Et celui-ci, avec un masque
et une poêle à la main ?

PROMENEUR 2 : C'est monsieur Février, il se déguise
et il fait des crêpes pour le mardi gras.

PROMENEUR 1 : Et lui, avec ses petites fleurs et son parapluie ?

PROMENEUR 2 : C'est monsieur Mars.
On l'appelle aussi Monsieur Printemps.

PROMENEUR 1 : Celui-là est bien chargé :
un poisson, des œufs, des cloches…

PROMENEUR 2 : Le poisson, c'est le poisson d'avril.
Les cloches et les œufs, c'est pour Pâques.
(*Le mois de mai s'avance et offre du muguet aux promeneurs.*)

PROMENEUR 2 : Merci, monsieur, pour ce muguet du 1er mai.
(*Juin s'approche avec un panier.*)

MONSIEUR JUIN (*sortant une fraise puis une cerise
de son panier*) : Tenez les petits, les premières fraises
et des cerises. Et il y en aura d'autres.

PROMENEUR 2 : Vous êtes très gentil monsieur Juin. Merci.

PROMENEUR 1 : Les lampions et les drapeaux,
c'est pour quoi faire ?

MONSIEUR JUILLET : Mais c'est pour le 14 Juillet,
les enfants, avec la retraite aux flambeaux
et le feu d'artifice. Et puis ce sont les vacances.

PROMENEUR 1 : Les vacances ! J'adore les vacances !
Moi, au mois d'août, je vais chez ma grand-mère.

PROMENEUR 2 : Justement le voilà, le mois d'août,
en maillot de bain. Il a même son seau et sa pelle
pour faire des châteaux de sable.

MONSIEUR SEPTEMBRE (*il brandit deux cartables*) :
C'est la rentrée les enfants ! Préparez vos sacs,
vos cahiers et vos stylos !

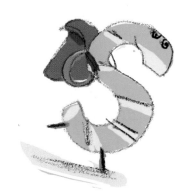

PROMENEUR 2 : Ah ! C'est monsieur Septembre.
Quand il arrive, il faut retourner en classe.

PROMENEUR 1 (*désignant les deux personnages suivants*) :
Et ces deux-là, qui sont-ils ?

PROMENEUR 2 : Oh ! Ces deux-là sont moins intéressants ;
Octobre et Novembre. Ils font tomber les feuilles
des arbres et ils nous apportent la pluie et le froid.

MONSIEUR OCTOBRE (*sortant une noisette de son panier*) :
Ce n'est pas juste ! Nous apportons aussi des noisettes…

MONSIEUR NOVEMBRE (*sortant une pomme de son panier*) :
Et des pommes !

PROMENEUR 1 (*montrant le dernier personnage*) :
Ah ! Lui, je le reconnais, c'est le mois de décembre.
C'est le Père Noël. C'est bien lui le plus beau !
Ronde finale

François Fontaine, *Des sketches à lire et à jouer*, © Retz 2008.

- Quel est le mois
de ton anniversaire ?
- Quel est le mois
que tu préfères ?

Chanson de la Seine

La Seine a de la chance
Elle n'a pas de soucis
Elle se la coule douce
Le jour comme la nuit
Et elle sort de sa source
Tout doucement sans bruit
Et sans se faire de mousse
Sans sortir de son lit
Elle s'en va vers la mer
En passant par Paris
La Seine a de la chance
Elle n'a pas de soucis
Et quand elle se promène
Tout le long de ses quais
Avec sa belle robe verte
Et ses lumières dorées
Notre-Dame jalouse
Immobile et sévère
Du haut de toutes ses pierres
La regarde de travers

Mais la Seine s'en balance
Elle n'a pas de soucis
Elle se la coule douce
Le jour comme la nuit
Et s'en va vers le Havre
Et s'en va vers la mer
En passant comme un rêve
Au milieu des mystères
Des misères de Paris.

Jacques Prévert, in « Aubervilliers »,
recueilli dans *Spectacle*,
© Gallimard, 1949.

- Qui est-ce qui s'en va vers la mer ?
- La Seine a-t-elle des soucis ?
- D'où sort-elle ?
- Par où passe-t-elle ?
- Quelle est la couleur de sa robe ?

Les fleuves sont très utiles à l'homme.
Ce sont de précieuses réserves d'eau potable
et de poissons. L'homme pompe l'eau du fleuve
pour irriguer les cultures.
Les péniches transportent des marchandises
par voie fluviale.

Les grands fleuves de France.

113

Les Européens

Quand le rideau se lève, la Maîtresse est debout devant ses élèves.

LA MAÎTRESSE : Les enfants, nous allons aujourd'hui faire un peu de géographie. Je suppose que vous savez tous ce que c'est que l'Europe.

LA CLASSE : Ben… Euh…

LA MAÎTRESSE : Allons, les enfants, l'Europe, l'Eu… rope. Allez, qui va répondre ? L'Europe c'est… ? C'est… ?

ÉLÈVE 1 : C'est de la musique à la radio, Madame ! Mais on ne dit pas le Rop, on dit le Rap.

LA MAÎTRESSE : Le Rap ? Mais je ne vous parle pas du Rap, cette musique épouvantable ! Ce n'est même pas… ce n'est même pas de la musique !

LA CLASSE, *sur un rythme de Rap* : Ce n'est même pas ! Ce n'est même pas ! Ce n'est même pas de la musique !

LA MAÎTRESSE, *pincée* : Ah ! C'est très drôle ! Vraiment ! Bravo ! *(Reprenant un ton conciliant.)* Enfin, les enfants, je ne vous parle pas du Rap, mais de l'Europe. L'Eu–rope : *(Épelant.)* E. U. R. O. P. E. L'Europe est un continent. On y trouve la France, l'Allemagne, la Grande-Bretagne, l'Espagne…

ÉLÈVE 2 : La montagne !

LA MAÎTRESSE, *corrigeant l'élève gentiment* : Mais non, pas la montagne. La montagne n'est pas un pays, voyons !

ÉLÈVE 3 : Le champagne !

LA MAÎTRESSE, *moins gentille* : Mais non ! Le champagne est un vin. Il s'appelle le champagne parce qu'on le produit en Champagne et la Champagne c'est…

LA CLASSE : Un pays !

LA Maîtresse, *commençant à perdre patience* : Non!
La Champagne n'est pas un pays. C'est en France,
la Champagne. C'est une région… une région
de France. *(Reprenant son calme.)* Alors, quels sont
les autres pays que l'on trouve en Europe?

Élève 4 : La lasagne!

LA Maîtresse, *énervée* : Arrêtez de me sortir des noms
en « agne »! Lasagne! Quelle idée! Et pourquoi pas
ravioli ou spaghetti, tant que tu y es!

Élève 5 : L'Italie!

LA Maîtresse, *ravie* : Oui! L'Italie est un pays
d'Europe. C'est très bien. Comment as-tu trouvé?

Élève 5 : Ben… Euh… Je ne sais pas, Madame,
ça m'est venu comme ça, quand vous avez dit :
ravioli… spaghetti…

Élève 1 : Macaroni!

LA Maîtresse, *fâchée à nouveau* : Ah! Non! Ça suffit!
Bon, écoutez-moi bien. En Europe, on trouve
l'Espagne, l'Allemagne, la Grande-Bretagne
et c'est tout pour les noms en « agne ». Il y a aussi :
l'Italie, la Belgique, le Luxembourg, le Portugal,
la Grèce, l'Irlande, les Pays-Bas, le Danemark,
l'Autriche, la Suisse… Enfin, vous devriez savoir ça,
quand même… Vous êtes Européens!

LA Classe, *surprise* : Ah bon?

- Dans quel pays d'Europe mange-t-on des lasagnes?
- Regarde une carte : quels sont les pays européens qui ont une frontière commune avec la France?

LA MAÎTRESSE : Comment ça : « Ah bon ?» Que croyez-vous que vous êtes ?

La Classe : Ben… Français…

LA MAÎTRESSE : Mais oui, vous êtes français ! Et comme la France est en Europe, vous êtes aussi des Européens ! C'est quand même simple, non ?

ÉLÈVE 3 : Madame, moi je suis née en Bretagne, je suis européenne quand même ?

LA MAÎTRESSE : Mais bien sûr, Gaëlle ! La Bretagne, c'est en France ! Alors tu es bretonne, française et… européenne !

LA CLASSE, *sauf l'élève 3* : Bretonne, française et européenne ! Ben dis donc, Gaëlle…

ÉLÈVE 4 : Mais, Madame, comme l'Europe est sur la Terre, est-ce qu'on a le droit de dire que nous sommes des Terriens ?

LA MAÎTRESSE, *prise de court, elle hésite* : Eh bien… Je suppose… Oui, pourquoi pas…

ÉLÈVE 3 : Alors je suis bretonne, française, européenne et terrienne ?

LA MAÎTRESSE : Eh bien… Ma foi… Oui.

LA CLASSE, *sauf l'élève 3* : Ben dis donc, Gaëlle !

ÉLÈVE 5 : Madame, moi je suis née à Marseille. Je suis marseillaise aussi, alors.

LA MAÎTRESSE : Oui, et provençale également parce que Marseille se trouve en Provence.

ÉLÈVE 5, *incrédule* : Alors je suis marseillaise, provençale, française, européenne et terrienne ?

LA MAÎTRESSE : Eh bien… Oui, ma petite Valérie.

LA CLASSE : Oh ! Là ! Là ! Valérie ! Qu'est-ce qu'ils vont dire tes parents ?

LA Maîtresse : Mais que voulez-vous qu'ils disent ?
C'est pareil pour tout le monde ! Tenez… Moi, par exemple :
je suis née à Mauriac, en Auvergne. Je suis donc mauriacoise,
auvergnate, française, européenne et… terrienne !

Élève 1 : Et institutrice !

LA Maîtresse : Non ! Enfin… Oui ! Je veux dire… Ah ! Là ! Là !
Comment voulez-vous qu'on arrive à construire l'Europe
avec des ignares pareils !

Élève 2 : On n'est pas des ignares, Madame, on est des Européens.

Élève 1 : C'est vrai, Madame ! C'est vous qui l'avez dit !

LA Maîtresse, *avec lassitude* : Oui. Je sais… Bon.
Je crois que nous allons sortir. C'est l'heure de la récréation.

Les Élèves, *sortant de la classe en criant* : Vive la récré ! Vive l'Europe !
Vive la Terre !

François Fontaine, *Des sketches à lire et à jouer*, © Retz 2008.

- Quels pays d'Europe riment avec campagne ?
- Quelle région de France rime avec campagne ?
- Comment appelle-t-on les habitants de Marseille ?
- Regarde une mappemonde et compte combien il y a de pays européens.

Le rossignol et la grenouille

Un rossignol contait sa peine
Aux tendres habitants du bois.
La grenouille envieuse et vaine
Voulut contrefaire sa voix.
« Mes sœurs, écoutez-moi, dit-elle,
C'est moi qui suis le rossignol,
Vous allez voir comme j'excelle
Dans le bécarre et le bémol. »
Aussitôt la bête aquatique
Du fond de son petit thorax
Leur chanta pour toute musique
«Brre ke ke, koax koax. »
Ses compagnes criaient merveille ;
Et toujours fière comme Ajax
Elle cornait à leurs oreilles :
« Brre ke ke, koax koax. »
L'une d'elle, un peu plus sage,
Lui dit : « Votre chant est fort beau ;
Mais montrez-nous votre plumage
Et volez sur ce jeune ormeau.
– Ma commère, l'eau qui me mouille
M'empêche d'élever mon vol.
– Eh bien ! demeurez donc grenouille
Et laissez là le rossignol. »

Jean-Baptiste Rousseau

- Le rossignol chante-t-il bien ?
- La grenouille chante-t-elle bien ?
- Le rossignol peut-il voler ?
- La grenouille peut-elle voler ?
- Quel est l'animal de cette fable qui peut voler et chanter ?

La fourmi

Une fourmi de dix-huit mètres
Avec un chapeau sur la tête,
Ça n'existe pas, ça n'existe pas.

Une fourmi traînant un char
Plein de pingouins et de canards,
Ça n'existe pas, ça n'existe pas.

Une fourmi parlant français,
Parlant latin et javanais,
Ça n'existe pas, ça n'existe pas.

Eh ! Pourquoi pas ?

R. Desnos, *Chantefables et Chantefleurs*, Grûnd 1952.

Un animal extraordinaire : le dragovache

- Est-ce que les dragovaches existent ?
- Imagine et dessine un animal extraordinaire, en mélangeant les corps de deux animaux.
- Puis mélange aussi leurs noms et écris le nom de l'animal bizarre que tu as inventé.

Mary Poppins

Dans une famille anglaise, Mary Poppins a été engagée pour s'occuper des enfants : Jane, Michael et les bébés, des jumeaux, John et Barbara. Jane et Michael se rendent vite compte que leur nouvelle nurse a des pouvoirs bien étranges…

Lorsque le sac eut été ouvert, Jane et Michael furent tout surpris de voir qu'il était complètement vide.

« C'est curieux ! dit Jane. Il n'y a rien dedans.

– Comment, il n'y a rien dedans ? demanda Mary Poppins en se redressant d'un air offensé. Êtes-vous sûr d'avoir bien regardé ? »

Et elle tira du sac vide un tablier blanc, empesé, qu'elle se mit autour de la taille.

Puis un gros pain de savon, une brosse à dents, un paquet d'épingles à cheveux, un flacon de parfum, un pliant et une boîte de pastilles pour la gorge.

Jane et Michael n'en croyaient pas leurs yeux.

« Mais j'ai bien vu ! chuchota Michael. Je suis sûr qu'il était vide.

– Chut ! » dit Jane.

Mary Poppins exhibait maintenant une grande bouteille, munie d'une étiquette où on lisait : « Une cuillerée tous les soirs avant de se coucher » et d'une cuiller attachée au goulot par une ficelle.

Mary Poppins versa dans la cuiller un liquide rouge foncé.

« C'est un médicament pour vous ? demanda Michael, très intéressé.

– Non. Pour vous », dit Mary Poppins en lui tendant la cuiller.

Michael ouvrit de grands yeux, fronça le nez, protesta :

« Je n'en veux pas. Je ne suis pas malade. Je ne le prendrai pas, na ! »

Mais les yeux de Mary Poppins étaient fixés sur lui, et il découvrit tout à coup qu'on ne pouvait pas regarder Mary Poppins en face sans lui obéir. Il y avait en elle quelque chose d'étrange et d'extraordinaire, de terrible et de fascinant. La cuiller approchait… Michael ne respira plus, ferma les yeux, et avala. Un goût délicieux se répandit dans sa bouche, et un sourire de plaisir sur sa figure : « Glace aux fraises ! murmura-t-il béatement. Encore, encore, encore !» Mais Mary Poppins, le visage toujours aussi sombre, versait une dose pour Jane.

Cette fois-ci, le liquide, qui sortait pourtant de la même bouteille, avait des reflets verts, jaunes, argentés. Jane goûta : « Sirop de citron !» déclara-t-elle en se passant la langue sur les lèvres. Mais comme à ce moment Mary Poppins se dirigeait vers les jumeaux en brandissant sa bouteille, Jane se jeta au-devant d'elle : « Oh ! non ! Pas eux ! Ils sont trop petits ! Ça leur ferait du mal ! Je vous en supplie… »

Mary Poppins jeta un regard terrible à Jane, et, sans faire plus attention à elle, plongea la cuiller dans la bouche de John, qui s'en saisit avidement. Aux quelques gouttes qui se répandirent sur son bavoir, Jane et Michael purent voir que, cette fois-ci, la cuiller contenait du lait. Ensuite, Barbara eut sa part ; elle poussa un gargouillement de plaisir et lécha la cuiller deux fois.

P. L. Travers, *Mary Poppins*, trad. V. Volkoff, © Le Livre de Poche Jeunesse, 2008.

- Jane et Michael sont-ils français ?
- En quoi se transforme le sirop donné à Michael ?
- Que contenait la cuillère mise dans la bouche de John ?

Mondo

– Je voudrais que vous m'appreniez à lire et à écrire, s'il vous plaît, dit Mondo.

Le vieil homme restait immobile, mais il n'avait pas l'air étonné.

– Tu ne vas pas à l'école?

– Non monsieur, dit Mondo.

Le vieil homme s'asseyait sur la plage, le dos contre le mur, le visage tourné vers le soleil.

Il dit:

– Je veux bien t'apprendre à lire et à écrire, si c'est ça que tu veux. Tu ne sais vraiment rien du tout?

– Non monsieur, dit Mondo.

L'homme avait pris dans son sac de plage un vieux canif à manche rouge et il avait commencé à graver les signes des lettres sur des galets bien plats. En même temps, il parlait à Mondo de tout ce qu'il y a dans les lettres, de tout ce qu'on peut y voir quand on les regarde et quand on les écoute.

- Mondo va-t-il à l'école?
- Qui va lui apprendre à lire?
- Où est assis le vieil homme?
- Avec quoi grave-t-il les lettres?
- Sur quoi grave-t-il les lettres?

Il parlait de A qui est comme une grande mouche avec ses ailes repliées en arrière ; de B qui est drôle, avec ses deux ventres, de C et D qui sont comme la lune, en croissant et à moitié pleine, et O qui est la lune tout entière dans le ciel noir.

Le H est haut, c'est une échelle pour monter aux arbres et sur le toit des maisons ; E et F, qui ressemblent à un râteau et à une pelle, et G, un gros homme assis dans un fauteuil ; I danse sur la pointe de ses pieds, avec sa petite tête qui se détache à chaque bond, pendant que J se balance ; mais K est cassé comme un vieillard, R marche à grandes enjambées comme un soldat, et Y est debout, les bras en l'air et crie : au secours !

L est un arbre au bord de la rivière, M est une montagne ; N est pour les noms et les gens saluent de la main, P dort sur une patte et Q est assis sur sa queue ; S, c'est toujours un serpent, Z toujours un éclair ; T est beau, c'est comme le mât d'un bateau, U est comme un vase. V, W, ce sont des oiseaux, des vols d'oiseaux ; X est une croix pour se souvenir.

J.-M.-G. Le Clézio, Mondo et autres histoires © Gallimard, 1978.

- À quoi le vieil homme compare-t-il le **A** ?
- Quelle est la lettre qui est drôle ?
- Que fait le **I** ? Que crie le **Y** ?
- Trouve le mot qu'on peut écrire avec les lettres qui sont comme : une montagne, un vase, un soldat qui marche.

L'Énorme Crocodile (1)

« Rien n'est plus délicieux qu'un enfant dodu et bien juteux ! »
Heureusement, il n'est pas facile pour un crocodile de trouver
un enfant à dévorer lorsque les autres animaux de la jungle
font tout pour l'en empêcher. En voici un exemple :
L'Énorme Crocodile parvint de l'autre côté de la jungle, dans un rayon
de soleil. Il pouvait apercevoir la ville, toute proche.
« Ho, ho ! se confia-t-il à haute voix, ha, ha ! Cette marche à travers
la jungle m'a donné une faim de loup. Un enfant, ça ne me suffira pas
aujourd'hui. Je ne serai rassasié qu'après en avoir dévoré
au moins trois, bien juteux ! »
Il se mit à ramper en direction
de la ville.
L'Énorme Crocodile parvint
à un endroit où il y avait
de nombreux cocotiers. Il savait
que les enfants y venaient souvent
chercher des noix de coco.
Les arbres étaient trop grands
pour qu'ils puissent y grimper,
mais il y avait toujours
des noix de coco à terre.

- D'où sort l'Énorme Crocodile ?
- Où va-t-il ?
- Que veut-il faire ?

L'Énorme Crocodile ramassa à la hâte toutes celles qui jonchaient
le sol, ainsi que plusieurs branches cassées.

« Et maintenant, passons au piège subtil n° 1, murmura-t-il,
je n'aurai pas à attendre longtemps avant de goûter au premier plat. »
Il rassembla les branches et les serra entre ses dents. Il recueillit
les noix de coco dans ses pattes de devant. Puis il se dressa
en prenant équilibre sur sa queue. Il avait disposé les branches
et les noix de coco si habilement qu'il ressemblait à présent
à un petit cocotier perdu parmi les grands cocotiers.

Bientôt arrivèrent deux enfants : le frère et la sœur. Le garçon
s'appelait Julien ; la fillette, Marie. Ils inspectèrent les lieux,
à la recherche de noix de coco, mais ils n'en purent trouver aucune,
car l'Énorme Crocodile les avait toutes ramassées.

– Eh regarde !
cria Julien. Cet arbre,
là-bas, est beaucoup
plus petit que les autres
et il est couvert de noix
de coco ! Je dois pouvoir
y grimper si tu me donnes
un coup de main.

- À quoi l'Énorme Crocodile
  cherche-t-il à ressembler ?
- Le piège de l'Énorme
  Crocodile fonctionne-t-il ?

L'Énorme Crocodile (2)

Julien et Marie se précipitent vers ce qu'ils pensent être un petit cocotier.
L'Énorme Crocodile épie à travers les branches, suivant des yeux
les enfants à mesure qu'ils approchent. Il se lèche les babines.
Le voilà qui bave d'excitation…
Soudain, il y eut un fracas de tonnerre !
C'était Double-Croupe, l'hippopotame. Crachant et soufflant, il sortit
de la jungle. Tête baissée, il arrivait à fond de train !
– Attention, Julien ! hurla Double-Croupe. Attention, Marie !
ce n'est pas un cocotier ! c'est l'Énorme Crocodile qui veut vous manger !
Double-Croupe chargea droit sur l'Énorme Crocodile. Il le frappa
de sa tête puissante et le fit valdinguer et glisser sur le sol.
– Aouh !… gémit le crocodile.
Au secours ! arrêtez ! où suis-je ?
Julien et Marie s'enfuirent vers la ville
aussi vite qu'ils purent.

Roald Dahl, *L'Énorme Crocodile*,
trad. O. George et P. Jusserand,
ill. Quentin Blake, © Gallimard Jeunesse,
coll. Folio benjamin, 2001.

© Roald Dahl Nominee Ltd, 1977.

- Le piège de l'Énorme Crocodile a-t-il fonctionné ?
- Qu'est-ce qui sauve les enfants ?
- Imagine ce que va faire maintenant l'Énorme Crocodile.
- Raconte-le à ton tour en quelques lignes.

Les larmes du crocodile

Si vous passez au bord du Nil
Où le délicat crocodile
Croque en pleurant la tendre Odile,
Emportez un mouchoir de fil.

Essuyez les pleurs du reptile
Perlant aux pointes de ses cils,
Et consolez le crocodile :
C'est un animal très civil.

Sur les bords du Nil en exil,
Pourquoi ce saurien pleure-t-il ?
C'est qu'il a les larmes faciles
Le crocodile qui croque Odile.

Jacques Charpentreau, *Poèmes pour peigner la girafe*,
© Gautier-Languereau, 1994.

- Recopie la phrase du poème qui comporte
  un jeu de mot.

Illustrations

- **Laurent Richard** – Couverture.

- **Élodie Balandras** – La fée malade (p. 18) – Bizarre! Bizarre! (p. 24) – Majuscules (p. 26) – Mes amis (p. 32) – Gris, gris, gris… (p. 36) – Les écritures (p. 38) – Le vent (p. 42) – Les ponts à travers le temps (p. 46) – Harry le boa (p. 52-53) – Personnages des légendes de Bretagne (p. 56-57) – La légende de la ville d'Ys (p. 58-59) – Les moustiques (p. 60) – Ils soignent les gens (p. 64-65) – Cymbales, guimbardes et violoncelles (p. 72-73) – L'arbre (p. 78-79) – Le petit éléphant (p. 84-85) – Les Lapons (p. 88) – Le petit Lapon (p. 89) – En voiture! (p. 95-97) – Poissons de poètes (p. 101-102) – Pastèque, courgette et compagnie (p. 104-105) – La couette sur la tête (p. 108) – Les mois de l'année (p. 110-111) – Les Européens (p. 114-117) – Mary Poppins (p. 120-121) – Mondo (p. 122-123).

- **Nouchca** – La poche (p. 14) – Es-tu la nuit? (p. 25) – Vent d'hiver, vent d'hier (p. 43) – La pendule (p. 61) – Météorologie (p. 74-75) – Le mammouth (p. 86-87) – Les gens (p. 98-99) – Les larmes du crocodile (p. 127).

- **Marion Piffaretti** – Olive le rat (p. 10-11) – À Paris à vélo (p. 12-13) – Pyramides (p. 15) – Une tarte ratée et une tarte réussie (p. 19) – Une bonne salade (p. 23) – Majuscules (p. 27) – Une matinée de Léo (p. 28-29) – Enfants, parents et grands-parents (p. 40-41) – Les bons gestes pour sauver la planète (p. 76-77) – Noms de fleurs et noms d'animaux (p. 81) – Il était une fois (p. 82-83) – Bien se nourrir pour bien grandir (p. 103).

- **Béatrice Rodriguez** – Délire de mots (p.16) – Promenade (p. 22) – La corde: de l'arc à la guitare (p. 31) – Nice et Colmar (p. 44-45) – Les sports d'hiver (p. 55) – Nasreddine médecin (p. 63) – Le singe marabout (p. 66-69) – On n'est pas n'importe qui (p. 80) – Le Carnaval des animaux (p. 90-94) – Le corbeau et le cochon (p. 106-107) – Les autocollants du lutin propre (p. 109) – Chanson de la Seine (p. 112-113) – Le rossignol et la grenouille (p. 118) – La fourmi (p. 119).

Illustrations d'origine

- **Vincent Wagner** (p. 6-9) *Trois bons amis* – *Le chapeau magique* © 2007 de Vincent Wagner, éditions Bayard Jeunesse •

- **Quentin Blake** (p. 124-126) *L'énorme crocodile* de Roald Dahl, traduction Odile George et Patrick Jusserand/Illustrations Quentin Blake/© Éditions Gallimard

Photographies

p. 15 Photo 12.com/Alamy • **p. 17 (h)** © Digital Stock 1996 • **p. 17 (b)** Photo 12.com/Alamy • **p. 20 (hg)** © Goodshoot • **p. 20 (hd)** Photo 12.com/Alamy • **p. 20 (b)** ©Digital Stock 1996 • **p. 21 (hg)** Photo 12.com/Alamy • **p. 21 (hd)** ©Digital Stock 1996 • **p. 26** BNF, Paris • **p. 30 (hd, bg)** Coll. Part. • **p. 30 (bd)** Leemage/©Costa • **p. 33** Photo 12.com/Alamy • **p. 34 (h)** Fotolia.com/ A. Van Deursen • **p. 34 (b)** et **35** © Corel • **p. 37** © CNAC/MNAM, Dist. RMN/Philippe Migea « Illustration de la série : Cirque » par Marc Chagall /© Adagp, Paris 2009 • **p. 39** Photo 12.com/Alamy • **p. 46** Fotolia.com/ Jean Luc • **p. 47 (hg)** Photo 12.com/Alamy • **p. 47 (bg)** Bertrand Rieger/Hemis.fr • **p. 47 (bd)** Fotolia.com/James Meijer • **p. 48** © Digital Stock 1996 • **p. 49** Photononstop/D. Thierry • **p. 50** © RMN/H. Lewandowski • **p. 51** Photo 12.com/Alamy • **p. 54 (h)** Leemage/© Costa • **p. 54(m)** Roger Viollet/ Imagno • **p. 54 (b)** Roger Viollet• **p. 56** Andia.fr/© Sandford • **p. 74** *Enfantasques*, « Météorologie » de Claude Roy © Éditions Gallimard • **p. 85** © Digital Stock 1996 • **p. 100** Photo 12.com/Alamy

Imprimé en France par Clerc à Saint-Amand-Montrond
N° d'édition : 004943-02 – N° d'imprimeur : 10036
Dépôt légal : novembre 2009